秒　懂
知识产权法

蔡玮律　主编

清华大学出版社
北京

图书在版编目(CIP)数据

秒懂知识产权法 / 蔡玮律主编 . —北京：清华大学出版社，2020.8（2023.1 重印）
ISBN 978-7-302-55309-0

Ⅰ . ①秒… Ⅱ . ①蔡… Ⅲ . ①知识产权法－中国－通俗读物 Ⅳ . ① D923.405

中国版本图书馆 CIP 数据核字 (2020) 第 057868 号

责任编辑：刘　晶
封面设计：汉风唐韵
版式设计：方加青
责任校对：王荣静
责任印制：朱雨萌

出版发行：清华大学出版社
　　　　　网　　　址：http://www.tup.com.cn，http://www.wqbook.com
　　　　　地　　　址：北京清华大学学研大厦 A 座　　　邮　　编：100084
　　　　　社 总 机：010-83470000　　　　　　　　　邮　　购：010-62786544
　　　　　投稿与读者服务：010-62776969，c-service@tup.tsinghua.edu.cn
　　　　　质 量 反 馈：010-62772015，zhiliang@tup.tsinghua.edu.cn
印 装 者：小森印刷霸州有限公司
经　　销：全国新华书店
开　　本：170mm×240mm　　印　　张：18.25　　字　　数：294 千字
版　　次：2020 年 8 月第 1 版　　印　　次：2023 年 1 月第 3 次印刷
定　　价：79.80 元

产品编号：087896-01

"让法律生活化，让人人懂法"是本书作者写作的出发点，也是他坚守的一个信念。通常法学生在读书时，老师会推荐一本著作，中文译名为《法的门前》，英文书名叫 *Before the Law*。在这本书的引言中有一则非常耐人寻味的寓言故事，大概是这样的：

法的门前有一位守门人在站岗，一个乡下来的人走到了守门人跟前，请求进去见法，但守门人说现在不能放他进去。

乡下人：一会儿能不能允许我进去？

守门人：可能吧，但现在不行。

由于通向法的门一直开着，乡下人便探头往里看。

守门人笑着说：如果你这样感兴趣，就努力进去，不必得到我的允许。不过你要注意，我是有权力的，而且我只是守门人中最卑微的一个。里面每一座大厅前都有守门人站岗，一个比一个更有权力。就说那第三个守门人吧，他的模样我都不敢看。

听到这些困难后，乡下人决定还是得到允许再进去。于是他等了一天又一天，一年又一年，他时常去乞求、纠缠守门人，还与守门人唠起了家常，甚至送起了礼物，但他仍没有被允许进去。渐渐地，他忘却了其他守门人，认为这个守门人是他与法律唯一的障碍。他的眼睛开始变得模糊不清，在黑暗中，他看到一束光从法的大门射出来。但他的生命已经走到了终点，弥留之际，他将整个等待的过程凝聚成一个问题，他招呼守门人到跟前来。

守门人：你现在还想知道什么？你没有满足的时候。

乡下人：每个人都极力要到达法的面前。可这么多年来，除了我，竟没有一个人来求见法，怎么会这样呢。

守门人：除了你，没人能获准进入这道门，因为它是专为你开的，我现在要去关上它了。

正如本书作者所述，法律是神秘而庞杂的。在通往法的道路上，充满了许多艰难险阻，立法者、执法者、法律公职人员、法学家、法学生、律师，通过长时间的学习和实践去认识和践行法律，仿佛对法律有了"话语权"，却脱离了人民，成为一个孤独的阶层。而普罗大众却可能即便手捧一本法律书籍，却仍旧无法进入它的世界。

本书就如同法的一扇门，作者已为你打开。如果你真的有兴趣，就努力进去，不必得到任何一个守卫的允许。

"书中自有黄金屋"是中国的一句老话，也体现了知识是财产的理念。在当今社会，知识产权变得越来越重要。如果知识产权是财富，那么知识产权法律制度则是知识创造、市场发展的激励制度。对于个人来说，或许知识产权法律更多的是个人智慧成果的保护法，对于企业来说，知识产权法律更多的是市场竞争的利剑。知识产权中，不论是商标、专利、著作权或商业秘密，都与人们的日常生活、工作甚至社会发展息息相关。《与贸易有关的知识产的协定》（TRIPS）第七条就该协定的目标解释得非常清楚易懂：知识产权制度的发展方向："知识产权的保护和实施应有助于促进技术革新及技术转让和传播，有助于技术知识的创造者和使用者的相互利益，并有助于社会和经济福利及权利与义务的平衡。"

本书作者在一个个日常生活中随处可见的故事情境里，将涉及的知识产权法律知识向读者娓娓道来，巧妙地化解了专业书籍的枯燥，将知识性与趣味性完美结合起来，书中内容引人入胜，真正实现了人人可以读法律，人人可以喜欢上法律的目标。

广东良马律师事务所主任

李良律师

序

经过一段时间的法律学习和写作，"秒懂法律"系列书籍终于得以问世。无论在何时，我都秉持着"让法律能够更加贴近生活，让更多的非法律专业人士能够了解中国法律"的理念来进行法律工作，这是贯穿整个"秒懂法律"系列书籍的一个基本原则。在我的理念里，作为非法律专业人士，虽然不需要了解法律的全貌，但是却不能离开对法律知识的了解，法律是能够帮助我们在工作和生活中提升效率、免受诉讼纷扰的重要手段。因此我们可以从每一个与生活相关的现象中来对法律这个神秘而庞杂的概念探知一二，这也有助于我们来应对日常工作生活中可能触及的法律问题。在本书中，我们即会以这样的方式，跟随书籍主人公所遇到的实际问题来对知识产权相关的法律问题进行学习和分析，以解决问题的方式实现法律知识的学习，最终实现融会贯通。

自2010年开始，网络直播、公众号自媒体、短视频自媒体如雨后春笋般成长，为市场经济带来了巨大的活力，但是在此过程中，我们极有可能因为引用了一张图片、一首歌而涉及侵权，从而需要支付赔偿或遭受其他的声誉风险。例如，2019年1月初，虎牙直播网因将《葫芦兄弟》中的"葫芦娃""蛇精"等经典动画形象用作商业宣传，被上海美术电影制片厂告上法庭，要求其承担版权侵权责任，并赔偿经济损失 1.2 万元。2020 年 3 月，广州互联网法院对腾讯公司起诉某文化公司、某网络公司侵犯作品信息网络传播权及不正当竞争纠纷一案作出一审判决，认定《王者荣耀》游戏整体画面构成"类电作品"，某文化公司传播《王者荣耀》游戏短视频的行为构成对腾讯公司的侵权，需停止侵权，并要求赔偿腾讯公司经济损失及合理开支 496 万元。类似因知识产权侵权的案件不一而足，在使用自媒体的过程中，任何人都可能因为不经意的行为而招致巨额赔偿。因此，掌握知识产权方面的法律对于非法律专业人士也显得愈发重要，而帮助非法律专业人士掌握基础的知识产权相关法律知识，也是本书的主要目的之一。

值得注意的是，虽然我们时常将"知识产权法"挂在嘴边，但是在法律中并没有专门的"知识产权法典"，"知识产权"实际上是我们对著作权、专利权和商标权、反不正当竞争的统称。知识产权，在英文中称为 Intellectual Property，也就是耳熟能详的 IP，是因智力活动而形成的一种权利。Intellectual 是一个形容词，词根为 intellect，法学词典中解释为"the power of knowing as distinguished from the power to feel and to will : the capacity for knowledge"，即与感受能力、意志能力相区别的，一种与知识有关的能力，中文译为智力；而 intellectual 则是"developed or chiefly guided by the intellect rather than by emotion or experience"，即由智力而非情感和经验产生的，中文译为"智力的"；"property"译为财产、所有权，起初是表示某人拥有的某物或拥有某物的权利，可是随着人类智力活动的发展，"智慧产权"的概念也就由此产生了。随着人类经济社会的发展，知识产权也越发凸显其作用。对知识产权的重视和保护程度，往往对一个国家的经济文化的发展有着至关重要的作用。美国曾经作为知识产权侵权大国，发展到如今的知识产权强国，离不开其法律和制度的逐步发展与完善。在对外贸易的过程中，美国往往可以利用其在知识产权方面的优势地位加倍谋取自身利益。2017 年 8 月 18 日，美国贸易代表工作室在总统特朗普的授权下对中国开展"301 调查"，具体集中于知识产权方面。美国此次发动"301 调查"

是基于美国的"301条款"，即美国《1974年贸易法》的第301节到第310节，根据该规定，美国贸易代表可以对外国法律、政策或做法进行调查，与有关国家进行磋商，并决定是否采取提高关税、限制进口、停止执行有关协定等报复措施。其中，"特别301条款"针对那些美国认为其对知识产权没有提供充分保护的国家和地区，所以针对知识产权领域发起的调查又叫"特别301调查"。而在历史上，美国曾对中国发起过三次"301调查"并从中拿到了其在贸易战中的筹码，屡试不爽。

相比较而言，中国的知识产权保护起步较晚，目前虽然已经形成了较为完善的知识产权保护的法律体系，但是在某些保护条款和具体实施上，尚有很大的进步空间。自2008年6月《国家知识产权战略纲要》颁布实施以来，我国在知识产权法制建设方面取得了巨大的成就。2020年5月28日颁布的《中华人民共和国民法典》（简称《民法典》）也明确了知识产权的法律地位，目前，我国已经形成了以《民法典》《专利法》《著作权法》《商标法》和《反不正当竞争法》等法律为核心的、较为完善的知识产权保护体系。随着外商投资法的实施，知识产权立法的逐渐完善，知识产权相关法律的利用率也越来越高，我国在司法实践中对于知识产权的保护也越来越与国际接轨，例如上述广州互联网法院开出的价值496万元的"巨额罚单"，也体现出了我国对于知识产权的重视。随着中国知识产权制度的不断完善，外商在中国的知识产权也得到了更好的保护。例如国家知识产权局统计数据显示，2001至2018年，外国在华申请的发明专利已经累计超过177万件，年均增长约11.24%。对于外商而言，在进入中国投资之前，更应做好面对不同法域管辖的准备，在此前提下，如何利用中国现有的制度更好地保护自身权益至关重要。

本书主要分为以下板块。针对当前信息技术的发展现状，笔者选择以"5G时代"的知识产权板块作为本书的先导内容，对于当下网络游戏、视频解说、直播、短视频等社会现象中可能涉及的知识产权相关热点法律问题进行分析，从而促使大家对知识产权有更为直观的了解。接下来以知识产权的三部法律为基础，对知识产权进行较为系统地分解介绍。在著作权板块，我们介绍了著作权的概念、著作权的保护对象，在电影作品、广播作品、微信公众号、微博、直播中常见的著作权法的问题等。在专利权板块，因专利难以获得、内容复杂、赔偿金额较高等原因，在知识产权法中有着较为重要的地位，在本书中，我们对专利权的客体、专利权的分类、职务发明、合作发明、委托发明的权利归属、专利权的无效和强制许可等内容进行了详细地探讨和学习。在商标权板块，我们介绍了商标权的取得方式、商标侵权的判断方法、善意销售侵权商品的责任、商标侵权的抗辩等内容。此外，本书增加了商业秘密板块。我们经常会发现，一些公司虽然拥有某些核心的技术，已经达到了申请专利的程度，但是却选择将其作为商业秘密不予公开，这与法律对商业秘密和专利权的保护方式不一致密不可分，在本书中，我们深入介绍了商业秘密的内涵、本质以及保护方式，从而帮助各位读者在自己的经营活动中选择更适合自身的权利保护方式。

本系列图书的编辑委员会成员分别来自北京大学、清华大学、复旦大学、中国政法大学、人民大学、中南财经政法大学、上海交通大学、浙江大学，他们是王雪瑶、于帅洁、杨艺婕、张译文、冯奕、沈晓雨、马成福、杨晶晶、刘淼、刘洋、王施施、吕琳、马逢瑶、王玥、李碧霞、李寰宇、班斓、张雅晴（排名不分前后）。本系列图书的漫画师为黄昭霖、吴采恩。笔者在此特别感谢每位成员的努力及贡献，他们使秒懂法律系列图书更加多元化。

最后，笔者要在此感谢母校复旦大学对我的培育，在复旦大学法学院四年的学习使我收获颇丰也倍感荣耀。鉴于笔者学习法律和从事法律工作的经验有限，目前也仍在实践中不断地学习，对于本书中可能出现的问题也欢迎大家批评指正。

主编邮箱为：edgarchoi@163.com，欢迎各位读者批评、指正。

目 录

5G 时代的知识产权

著作权法

专利法

商标法

商业秘密

5G 时代的知识产权

　　叶昀曾是浙江杭州的一位普通大学生，他"十年如一日"热衷于电子竞技，最辉煌的时候曾经在英雄排行榜上名列前十。不过遗憾的是，由于父母的反对，他并没有成为职业电子竞技选手，而是选择在知名学府研读传媒专业。

　　大学毕业后，他毅然追随兴趣，入职知名的游戏公司，从事企划工作，负责大型游戏赛事的筹措。得益于这份工作，他不但可以零距离接触到昔日的偶像，同时也可以转换视角重新审视游戏行业，由此也展开了一段全新的历程。

在本职工作之外，身为"斜杠青年"，他也紧跟互联网日新月异的蓬勃发展动态，开启了许多副业：如 B 站 up 主，网文写作者，摄影大触……一番日积月累，他微博上也积攒了几万的粉丝。

目前，我国相关行业发展尚未完全成熟，叶昀在工作过程中经常面临一些制度规范上的困惑，因此需要经常向法务部寻求意见。一来二去，他和法务部的实习生黄语谙"不打不相识"。黄语谙是本科大四学生，作为一个时髦二次元少女，她对于娱乐产业非常感兴趣。电子游戏、网文、追星每样都是她的"心头好"。因此，为了以后为自己喜欢的事业保驾护航，她选择学习法律，并希望将来进入知识产权法律师事务所工作。

5G 互联网时代背景下，包括网络游戏、直播媒体在内的新兴行业都不再是独立封闭、自给自足的"生态圈"。相应的，它们面临的问题也往往需要综合多种类型的法律进行灵活的解构和处理。

正所谓"前途是光明的，道路是曲折的"，作为一项新兴事物，其中蕴涵着无限的希望，同时也暗含着风险，需要小心避"坑"，时时警惕，这样才能走得更加坚实和平安。在共同面对一系列的困难和挑战中，叶昀和黄语谙也像"打怪升级"一般，从萌新"小菜鸟"开始慢慢成长，他们对这个行业有了更加深刻的认识，也做好准备拥抱更蔚蓝广阔的"大时代"。

网络游戏商的虚假宣传

"恭喜您顺利通过最终考核，欢迎加入我们……"叶昀打开邮箱，惊喜地发现自己收到了梦寐以求的入职通知——拳力游戏公司的企划。拳力公司是国内知名的电子游戏开发商和发行商，除了设计和开发网络游戏之外，也注重举办相应的电子竞技赛事。"网瘾少年"叶昀学的是传媒专业，在大学时曾参加过这一公司举办的高校友谊赛，获得了不错的名次；而参赛过程中，主办方营造的良好的氛围也十分吸引他。对于电子游戏"十年如一日"的热爱也让他萌生了去游戏公司就职的想法。

"太棒了，我被拳力公司录用了！终于有机会亲临国际赛事现场，去和我的偶像 LA 近距离接触！"叶昀忍不住跳起来。室友们听闻喜讯围过来，兴奋地和他拥抱、击掌。话说叶昀做东请客之后，大家还觉得不够尽兴，丝毫没有半点睡意，就决定再一起"开黑"打游戏。《英雄传奇》是他们最近一直玩的多人竞技类网络游戏。这款游戏设计了数百个英雄，并配套排位系统，叶昀最光辉的时候曾登顶全服前 10 高手榜，一时风头无二。

"正好让我试试上次买的'王者之剑'，这可花了我 5000 奥兰币"。叶昀打开道具箱，准备配备相应装备，却发现"王者之剑"的属性说明和之前购买时并不一致，伤害程度远远降低，并需要配合其他触发情境使用，难免显得有些"鸡肋"。更让他恼火的是，之前购买的"斗篷"不知道为什么变成了另外一副样子，黑不溜秋的连带着他的"英雄"的帅气程度都打了折扣。

......

在故事开始之前，让我们先通过互联网 2.0 时代的多棱镜了解这样一个与众不同的时代。思考一下：作为无形智力成果的网络游戏，其所提供的人物形象、游戏道具并无实物形态，其在销售、归属上有什么需要注意的？叶昀所购买的游戏道具和宣传时所说的不同，所拥有的道具和人物形象发生变化，这些是否侵犯其合法权益？

情景说法

这涉及网络游戏中玩家和厂商的关系、游戏道具的属性问题。

随着科技的革新，网络游戏产业作为互联网时代开始蓬勃发展的新兴行业，也不断改变了人们的休闲娱乐方式，日益吸引和培养了越来越多的游戏爱好者。游戏玩家日益庞大的同时，"氪金消费"也愈发普遍，游戏充值、道具购买等都成为其日常操作。但由此也引发了一系列的问题：应该如何定位游戏玩家和游戏厂商之间的关系？游戏厂商的生产经营应当遵循何种原则？而网络游戏本身作为无形智力成果，其所面向玩家提供的人物形象、游戏道具，并无具体的实物形态，只是一堆数据，其所有权归属等方面是否应与一般物品有区别？

对此，立足于法律视角，不难发现：网络游戏厂商和玩家之间仍然是一种消费关系，虽然这种关系的联结点是无形的服务和商品，但玩家仍然属于消费者。**消费者购买了相关游戏产品，与游戏厂商形成了买卖合同关系，经营者应当按照约定履行义务。其所购买的道具和打造的人物形象应当归玩家所有，它们属于虚拟财产的范畴，是民法上确认保护的财产。**

因此，游戏厂商也应当合法诚信经营，公平交易，按照约定提供符合质量要求的产品和服务，切实保护玩家作为消费者的合法利益。根据 2020 年 3 月 3 日中国消费者协会发布的《网络游戏经营者应切实保护消费者合法权益》，网络游戏经营者应当严格遵守法律规定，切实维护消费者的合法权益，做到如下几点：第一，诚实守信经营，拒绝虚假宣传；第二，尊重消费者权益，提升保护意识和水平；第三，加强自律自查，删除不公平规定；第四，重视消费者诉求，妥善解决消费纠纷。

在具体要求上，根据《消费者权益保护法》规定，"经营者以广告、产品说明、实物样品或者其他方式表明商品或者服务的质量状况的，应当保证其提供的商品或者服务的实际质量与表明的质量状况相符。"《电子商务法》也规定，"电子商务经营者应当全面、真实、准确、及时地披露商品或者服务信息，保障消费者的知情权和选择权。"因此，**游戏厂商所提供的游戏产品实际情况和宣传方式中直观展现不一致的，将侵犯玩家的合法权益。而对于已经购买和拥有的人物形象和道具等产品，消费者拥有财产权。占据优势地位的网络游戏经营者不可未经消费者同意，以升级、优化等名义擅自变更其已购产品的实际功能和效果。**

本故事中，叶昀所购买的游戏道具在功效上大打折扣，属于网络游戏经营者涉及虚假宣传的情形；未经其同意，其所拥有的道具和人物形象发生变化，则属于网络游戏经营者利用优势地位擅自变更产品的实际功能的情形，这些行为侵害了作为消费者的叶昀的合法权益。

《民法典》

第一百二十七条

法律对数据、网络虚拟财产的保护有规定的，依照其规定。

《消费者权益保护法》

第八条

消费者享有知悉其购买、使用的商品或者接受的服务的真实情况的权利。消费者有权根据商品或者服务的不同情况，要求经营者提供商品的价格、产地、生产者、用途、性能、规格、等级、主要成份、生产日期、有效期限、检验合格证明、使用方法说明书、售后服务，或者服务的内容、规格、费用等有关情况。

第九条

消费者享有自主选择商品或者服务的权利。消费者有权自主选择提供商品或者服务的经营者，自主选择商品品种或者服务方式，自主决定购买或者不购买任何一种商品、接受或者不接受任何一项服务。消费者在自主选择商品或者服务时，有权进行比较、鉴别和挑选。

第十条

消费者享有公平交易的权利。消费者在购买商品或者接受服务时，有权获得质量保障、价格合理、计量正确等公平交易条件，有权拒绝经营者的强制交易行为。

第十六条

经营者向消费者提供商品或者服务，应当依照本法和其他有关法律、法规的规定履行义务。经营者和消费者有约定的，应当按照约定履行义务，但双方的约定不得违背法律、法规的规定。经营者向消费者提供商品或者服务，应当恪守社会公德，诚信经营，保障消费者的合法权益；不得设定不公平、不合理的交易条件，不得强制交易。

第二十条

经营者向消费者提供有关商品或者服务的质量、性能、用途、有效期限等信息，应当真实、全面，不得作虚假或者引人误解的宣传。经营者对消费者就其提供的商品或者服务的质量和使用方法等问题提出的询问，应当作出真实、明确的答复。经营者提供商品或者服务应当明码标价。

第二十三条

经营者应当保证在正常使用商品或者接受服务的情况下其提供的商品或者服务应当具有的质量、性能、用途和有效期限；但消费者在购买该商品或者接受该服务前已经知道其存在瑕疵，且存在该瑕疵不违反法律强制性规定的除外。经营者以广告、产品说明、实物样品或者其他方式表明商品或者服务的质量状况的，应当保证其提供的商品或者服务的实际质量与表明的质量状况相符。经营者提供的机动车、计算机、电视机、电冰箱、空调器、洗衣机等耐用商品或者装饰装修等服务，消费者自接受商品或者服务之日起六个月内发现瑕疵，发生争议的，由经营者承担有关瑕疵的举证责任。

第二十六条

经营者在经营活动中使用格式条款的，应当以显著方式提请消费者注意商品或者服务的数量和质量、价款或者费用、履行期限和方式、安全注意事项和风险警示、售后服务、民事责任等与消费者有重大利害关系的内容，并按照消费者的要求予以说明。经营者不得以格式条款、通知、声明、店堂告示等方式，作出排除或者限制消费者权利、减轻或者免除经营者责任、加重消费者责任等对消费者不公平、不合理的规定，不得利用格式条款并借助技术手段强制交易。格式条款、通知、声明、店堂告示等含有前款所列内容的，其内容无效。

《电子商务法》

第十七条

电子商务经营者应当全面、真实、准确、及时地披露商品或者服务信息，保障消费者的知情权和选择权。

网络游戏"外挂"的法律问题

    叶昀和室友们一起进入了游戏，大家按照平常的战略部署，配合默契，一时间杀得对方措手不及，占据了有利地形。叶昀在室友的掩护下，深入敌后，眼看就要手起刀落，结束战局。

    哪知道突然电光一闪，对方仿佛变魔法一般跳出了百米开外，让叶昀彻底扑了空。"哪有瞬间挪移那么远的？这小子开挂的吧"？眼看到手的胜利果实丢了，老大愤愤地叫出声。没想到之后的发展走向更是让人傻眼，不知道对方使出了什么技能，叶昀和室友们瞬间被团灭。

    "这绝对是作弊，技不如人就开'外挂'……不蒸馒头争口气，看我不举报他！"叶昀跑到维权板块，发现原来对方是个"惯犯"：相关的投诉、举报还真不少，许多人都被这一伙人给作弊糊弄了。其中，有一个游戏 ID 为"予我心安"的人引起了他的注意。这个人在申诉意见上洋洋洒洒地写了一长串关于"外挂"的法律分析，条分缕析、有理有节。"看来是个'专业'的，这么'咄咄逼人'、让人毫无招架之力的女孩子倒是不可小觑！"叶昀心想，便乐得搭"顺风车"，鼎力声援她。"同是天涯沦落人"，一来二去，他也引起了对方的关注，二人便顺势加了好友。

那么问题来了，网络游戏"外挂"是否有法律上的风险？涉及对数据参数的修改会不会造成知识产权侵权？

情景说法

这涉及网络游戏"外挂"的合法性问题。

随着网络游戏的不断普及，用户圈层日益庞大的同时也催生出许多"灰色"地带，包括："私服"和"外挂"等问题，搅乱了游戏产业的生态。"外挂"是以破坏游戏作品的技术保护措施、修改作品数据等方式突破现有游戏规则，以实现超常规的游戏技能和效果，其属于从外部控制内部程序，从而令使用"外挂"的玩家获得加速升级等效果的软件。

网络游戏"外挂"的制作门槛比较低，但经济利润却十分可观，因此有拥有广阔的"市场"。而此举既超越了厂商所制定的游戏规则，破坏了游戏的生态，也冲击了玩家的游戏体验，可能导致游戏厂商经营利润的流失。2003 年 12 月，国家五部委联合发布了《关于开展对"私服"、外挂软件专项治理的通知》中，明确指出破坏游戏作品的技术保护措施、修改作品数据等外挂软件行为属于非法活动。根据该文件，具体行为包括：修改游戏客户端，拦截并破解数据封包，修改内存数据，向服务器发送擅自修改过的数据封包等。

网络游戏作为计算机软件，属于原创性表达范畴，是我国著作权法的保护对象之一。根据我国《著作权法》的规定，法律依法保护著作权人的修改权；

非经著作权人同意对作品进行修改的属于侵权行为。游戏"外挂"软件的提供者未经正版游戏厂商的允许，就擅自突破其技术保护措施，对网络游戏程序进行增补、删节，或者采用改变指令、语句顺序的方式改变游戏软件，侵害游戏修改权的行为。因此，侵权者需要承担相应的侵权责任，包括：停止侵害、消除影响、赔礼道歉、赔偿损失，等等。而根据我国《刑法》相关规定，提供游戏"外挂"获利还涉嫌非法经营罪，会被追究相应刑事责任。在实践中，腾讯游戏安全中心就曾联合警方破获多起网络游戏外挂软件制作、传播案件，抓获犯罪嫌疑人百余人。

除此之外，也有观点主张以《反不正当竞争法》规制网络游戏"外挂"行为，如2019年腾讯公司针对《一起来捉妖》和《地下城与勇士》两款游戏的"外挂"团伙向法院提起反不正当竞争的民事诉讼，并得到了法院的支持。总而言之，网络游戏"外挂"不具有合法性，应当审慎行之，切莫为了利益链而走险，触碰法律的红线。

而针对使用者而言，除了道德上将遭受谴责之外，出于规范游戏秩序的目的，在游戏中使用"外挂"的玩家也可能会被封锁账号。同时，其个人资料与游戏账号也有被泄露的风险，得不偿失。

法条索引 ▶

《著作权法》

第三条

本法所称的作品，包括以下列形式创作的文学、艺术和自然科学、社会科学、工程技术等作品：

（一）文字作品；

（二）口述作品；

（三）音乐、戏剧、曲艺、舞蹈、杂技艺术作品；

（四）美术、建筑作品；

（五）摄影作品；

（六）电影作品和以类似摄制电影的方法创作的作品；

（七）工程设计图、产品设计图、地图、示意图等图形作品和模型作品；

（八）计算机软件；

（九）法律、行政法规规定的其他作品。

第十条

著作权包括下列人身权和财产权：

（一）发表权，即决定作品是否公之于众的权利；

（二）署名权，即表明作者身份，在作品上署名的权利；

（三）修改权，即修改或者授权他人修改作品的权利；

（四）保护作品完整权，即保护作品不受歪曲、篡改的权利；

（五）复制权，即以印刷、复印、拓印、录音、录像、翻录、翻拍等方式将作品制作一份或者多份的权利；

（六）发行权，即以出售或者赠与方式向公众提供作品的原件或者复制件的权利；

（七）出租权，即有偿许可他人临时使用电影作品和以类似摄制电影的方法创作的作品、计算机软件的权利，计算机软件不是出租的主要标的的除外；

（八）展览权，即公开陈列美术作品、摄影作品的原件或者复制件的权利；

（九）表演权，即公开表演作品，以及用各种手段公开播送作品的表演的权利；

（十）放映权，即通过放映机、幻灯机等技术设备公开再现美术、摄影、电影和以类似摄制电影的方法创作的作品等的权利；

（十一）广播权，即以无线方式公开广播或者传播作品，以有线传播或者转播的方式向公众传播广播的作品，以及通过扩音器或者其他传送符号、声音、图像的类似工具向公众传播广播的作品的权利；

（十二）信息网络传播权，即以有线或者无线方式向公众提供作品，使公众可以在其个人选定的时间和地点获得作品的权利；

（十三）摄制权，即以摄制电影或者以类似摄制电影的方法将作品固定在载体上的权利；

（十四）改编权，即改变作品，创作出具有独创性的新作品的权利；

（十五）翻译权，即将作品从一种语言文字转换成另一种语言文字的权利；

（十六）汇编权，即将作品或者作品的片段通过选择或者编排，汇集成新作品的权利；

（十七）应当由著作权人享有的其他权利。

著作权人可以许可他人行使前款第（五）项至第（十七）项规定的权利，并依照约定或者本法有关规定获得报酬。著作权人可以全部或者部分转让本条第一款第（五）项至第（十七）项规定的权利，并依照约定或者本法有关规定获得报酬。

第四十七条

有下列侵权行为的，应当根据情况，承担停止侵害、消除影响、赔礼道歉、赔偿损失等民事责任：

（一）未经著作权人许可，发表其作品的；

（二）未经合作作者许可，将与他人合作创作的作品当作自己单独创作的作品发表的；

（三）没有参加创作，为谋取个人名利，在他人作品上署名的；

（四）歪曲、篡改他人作品的；

（五）剽窃他人作品的；

（六）未经著作权人许可，以展览、摄制电影和以类似摄制电影的方法使用作品，或者以改编、翻译、注释等方式使用作品的，本法另有规定的除外；

（七）使用他人作品，应当支付报酬而未支付的；

（八）未经电影作品和以类似摄制电影的方法创作的作品、计算机软件、录音录像制品的著作权人或者与著作权有关的权利人许可，出租其作品或者录音录像制品的，本法另有规定的除外；

（九）未经出版者许可，使用其出版的图书、期刊的版式设计的；

（十）未经表演者许可，从现场直播或者公开传送其现场表演，或者录制其表演的；

（十一）其他侵犯著作权以及与著作权有关的权益的行为。

第四十八条

有下列侵权行为的，应当根据情况，承担停止侵害、消除影响、赔礼道歉、赔偿损失等民事责任；同时损害公共利益的，可以由著作权行政管理部门责令停止侵权行为，没收违法所得，没收、销毁侵权复制品，并可处以罚款；情节严重的，著作权行政管理部门还可以没收主要用于制作侵权复制品的材料、工具、设备等；构成犯罪的，依法追究刑事责任：

（一）未经著作权人许可，复制、发行、表演、放映、广播、汇编、通过信息网络向公众传播其作品的，本法另有规定的除外；

（二）出版他人享有专有出版权的图书的；

（三）未经表演者许可，复制、发行录有其表演的录音录像制品，或者通过信息网络向公众传播其表演的，本法另有规定的除外；

（四）未经录音录像制作者许可，复制、发行、通过信息网络向公众传播其制作的录音录像制品的，本法另有规定的除外；

（五）未经许可，播放或者复制广播、电视的，本法另有规定的除外；

（六）未经著作权人或者与著作权有关的权利人许可，故意避开或者破坏权利人为其作品、录音录像制品等采取的保护著作权或者与著作权有关的权利的技术措施的，法律、行政法规另有规定的除外；

（七）未经著作权人或者与著作权有关的权利人许可，故意删除或者改变作品、录音录像制品等的权利管理电子信息的，法律、行政法规另有规定的除外；

（八）制作、出售假冒他人署名的作品的。

第四十九条

侵犯著作权或者与著作权有关的权利的，侵权人应当按照权利人的实际损失给予赔偿；实际损失难以计算的，可以按照侵权人的违法所得给予赔偿。赔偿数额还应当包括权利人为制止侵权行为所支付的合理开支。

权利人的实际损失或者侵权人的违法所得不能确定的，由人民法院根据侵权行为的情节，判决给予五十万元以下的赔偿。

《刑 法》

第二百二十五条

违反国家规定，有下列非法经营行为之一，扰乱市场秩序，情节严重的，处五年以下有期徒刑或者拘役，并处或者单处违法所得一倍以上五倍以下罚金；情节特别严重的，处五年以上有期徒刑，并处违法所得一倍以上五倍以下罚金或者没收财产：

（一）未经许可经营法律、行政法规规定的专营、专卖物品或者其他限制买卖的物品的；

（二）买卖进出口许可证、进出口原产地证明以及其他法律、行政法规规定的经营许可证或者批准文件的；

（三）未经国家有关主管部门批准非法经营证券、期货、保险业务的，或者非法从事资金支付结算业务的；

（四）其他严重扰乱市场秩序的非法经营行为。

《反不正当竞争法》

第二条

经营者在生产经营活动中，应当遵循自愿、平等、公平、诚信的原则，遵守法律和商业道德。本法所称的不正当竞争行为，是指经营者在生产经营活动中，违反本法规定，扰乱市场竞争秩序，损害其他经营者或者消费者的合法权益的行为。本法所称的经营者，是指从事商品生产、经营或者提供服务（以下所称商品包括服务）的自然人、法人和非法人组织。

第十二条

经营者利用网络从事生产经营活动，应当遵守本法的各项规定。经营者不得利用技术手段，通过影响用户选择或者其他方式，实施下列妨碍、破坏其他经营者合法提供的网络产品或者服务正常运行的行为：

（一）未经其他经营者同意，在其合法提供的网络产品或者服务中，插入链接、强制进行目标跳转；

（二）误导、欺骗、强迫用户修改、关闭、卸载其他经营者合法提供的网络产品或者服务；

（三）恶意对其他经营者合法提供的网络产品或者服务实施不兼容；

（四）其他妨碍、破坏其他经营者合法提供的网络产品或者服务正常运行的行为。

电竞赛事的法律问题

故事三

电子竞技赛事直播画面受著作权法保护吗？

叶昀办好入职手续之后，就正式开始工作了。按照带教老师的介绍，目前团队正在准备即将到来的"夏季争霸赛"，这可以说是网络游戏竞技者一年一度的狂欢。届时，中、日、韩的最强战队将会齐聚上海，决一胜负，获胜一方将获得高昂的奖金，同时更是最高荣誉的表彰。自从电子竞技加入亚运会以来，国民关注度和讨论度不断攀升，吸引了诸多游戏爱好者观看。因此，"夏季争霸赛"除了还将进行实况转播，预计观看者将高达千万人次。"今年好不容易盼来比赛在我们自己家门口进行，可得打起十二万分精神，千万不能办砸了"。团队负责人可谓是千叮咛万嘱咐，大家都情绪高涨，紧锣密鼓投入新一轮的工作之中。虽然是新人，叶昀也没少被安排任务，"摸着石头过河"直接上手了。

盛况空前所带来的自豪感的同时也就意味着有许多事情需要提前筹划和部署，包括场馆的租赁、现场安保、广告位招租、赛事流程企划，等等，叶昀忙得焦头烂额。举办电竞赛事是一项非常复杂的工作，光是赛事直播，就需要考虑多种授权问题。那么，需要思考的是：电竞赛事直播画面是否属于受著作权保护的作品？如果有其他公司未经同意私自盗播，是否会侵权？

情景说法

这涉及电子竞技赛事直播画面的著作权问题。

随着互联网游戏产业的快速发展，电子竞技赛事也吸引了越来越多的人关注，其所蕴含的经济价值不断攀升，大型电子竞技赛事的主办权和独家直播权成为引发各方竞相争夺的"香饽饽"。

电子竞技赛事直播，主要是指通过信息网络技术面向公众同步提供电子竞技赛事中各游戏玩家操作的全过程，往往辅之以相关的解说、评述，等等。具体而言，实际上其又可以进一步区分为两类电子竞技产物：第一，电子竞技赛事之中，游戏玩家所操控的人物角色互相对抗所形成的游戏过程画面本身，又可称为电竞赛事实况；第二，在电竞赛事实况的基础之上，辅以个性化的解说、评述，对摄制角度的独特选取等最终形成的电竞赛事直播节目。因此，在分析电子竞技直播产物能否构成著作权法意义上的作品时，也应当做到具体问题具体分析。

对于电竞赛事实况来说，一般而言认为其不属于作品。 与体育竞技类似，由于电子竞技赛事本身并无剧本，其比赛画面是由游戏玩家遵循游戏规则，通过操控人物形象所形成的动态画面，是对进行中的比赛情况的客观反映，同时具有公共性和竞技性，不属于作品的范畴，不能受到著作权法的保护。但与此**同时，也有法院肯定游戏整体画面构成类电影作品，可以受到著作权法的保护。**

如上海浦东法院在"奇迹 MU 案"中，便认为游戏画面由一系列有伴音或无伴音的画面组成，通过电脑传播，具有和电影作品相似的表现形式。

但即便认为电竞赛事实况不属于作品，也不意味着其他公司可以未经许可进行实况直播。因为主办方为赛事投入了大量的资金、人力、物力，等等，未经许可转播赛事，属于"搭便车"的行为，将违背诚信经营的商业道德，损害主办方的利益，其行为也会构成不正当竞争。在中国首例电竞赛事侵权案"斗鱼盗播 2015 DOTA2 亚洲邀请赛"一案中，被告斗鱼公司便因私自盗播，被判构成不正当竞争，承担相应的法律责任。

对于后者第二种情形，则一般肯定其可以构成作品。毕竟个性化的解说、评述，对摄制角度的独特选取等最终形成的电竞赛事直播节目，具有独创性表达，应当属于作品。而这种情况的著作权通常情况下由赛事组织者享有，可以根据实际情况进行约定。对于节目信号的"盗播"，也可能侵害信息网络传播权，或者应当由著作权人享有的其他权利。

总之，电子竞技赛事的举办涉及极大的成本投入和经济利益产出，对其进行直播需要主办方的授权许可，私自盗播将会面临极大的法律风险，视不同情况可能侵犯主办方的著作权或者构成不正当竞争，切不可铤而走险。

法条索引

《著作权法》

第三条

本法所称的作品，包括以下列形式创作的文学、艺术和自然科学、社会科学、工程技术等作品：

……

（六）电影作品和以类似摄制电影的方法创作的作品；

……

（九）法律、行政法规规定的其他作品。

第十条

著作权包括下列人身权和财产权：

......

（十一）广播权，即以无线方式公开广播或者传播作品，以有线传播或者转播的方式向公众传播广播的作品，以及通过扩音器或者其他传送符号、声音、图像的类似工具向公众传播广播的作品的权利；

（十二）信息网络传播权，即以有线或者无线方式向公众提供作品，使公众可以在其个人选定的时间和地点获得作品的权利；

......

《著作权法实施条例》

第二条

著作权法所称作品，是指文学、艺术和科学领域内具有独创性并能以某种有形形式复制的智力成果。

第四条

著作权法和本条例中下列作品的含义：

......

（十一）电影作品和以类似摄制电影的方法创作的作品，是指摄制在一定介质上，由一系列有伴音或者无伴音的画面组成，并且借助适当装置放映或者以其他方式传播的作品；

......

《反不正当竞争法》

第二条

经营者在生产经营活动中，应当遵循自愿、平等、公平、诚信的原则，遵守法律和商业道德。本法所称的不正当竞争行为，是指经营者在生产经营活动中，违反本法规定，扰乱市场竞争秩序，损害其他经营者或者消费者的合法权益的行为。本法所称的经营者，是指从事商品生产、经营或者提供服务（以下所称商品包括服务）的自然人、法人和非法人组织。

未成年人看直播能打赏吗?

　　没过几天,叶昀算是基本熟悉了工作,愈发得心应手、游刃有余了。但是,在准备过程中,他也遇到了一些制度规范上的困惑。同时,他之前谈判的合同也需要法务部门的审核,因此准备亲自前往法务部寻求意见。

　　"你好,我是企划部的叶昀,关于我们近期拟举办的电竞赛事,我们有这些合同需要审批,同时也有一些问题需要寻求法律意见……"叶昀的问题得到了专业的答复,与此同时,身处拳力游戏公司法务部的实习生黄语谙也引起了他的关注。"游戏ID予我心安……可不是上次遇到的'难兄难弟'吗?世界真是太小了。"叶昀默默地想,他上前表明身份。"是你！"显然黄语谙也非常兴奋，得益于上次共同维权的经历，她萌生出一种类似于"他乡遇故知"的情愫。

因为年龄相仿，两人互加了微信，并约好中午一同吃饭。吃饭时，他俩又惊奇地发现彼此竟然是校友。一番攀谈下来，还发现他们之间竟然有许多契合点，比如都喜欢电子游戏、网文，一时间有聊不完的话题。

得知叶昀在周末还会进行游戏直播，黄语谙趁机要到对方的平台 ID，以便进一步"拜师学艺"。游戏直播本来可以给同好者创造良好的交流氛围，娱乐空闲生活，但随着电子竞技的低龄化发展，游戏直播也吸引了不少未成年人。这不，黄语谙小学三年级的小侄子最近就迷上了电子游戏，荒废学业不说，他更是瞒着爸妈，用他们的银行卡购买了 3 万余元的游戏装备，还在游戏直播中打赏了 5 万余元，气得叔叔阿姨找黄语谙支招。

那么，问题来了：电子游戏直播打赏的性质是什么？它属于对知识产权作品付费吗？未成年人在父母不知情的情况下，进行巨额游戏打赏可以请求返还吗？

情景说法

这涉及电子游戏直播打赏的法律性质和未成年人民事行为效力的问题。

随着互联网技术走进千家万户，网络游戏日益风靡，越来越多的人加入网络游戏中来，其中不乏许多未成年的青少年。未成年人智力等尚未发育成熟，没有形成完全定型的成熟的三观，容易受到外界的影响和诱导，实施非理性的行为。因此，自电子游戏直播开通以来，围绕着电子游戏直播打赏的问题发生了不少矛盾和纠纷。

解决这些问题，需要对电子游戏直播打赏的行为进行法律定性。 电子游戏直播中，主播通过电脑界面操纵游戏人物完成一系列的操作，有些也会配合讲解、互动等，以此种形式面向广大不特定观众进行实时的"表演"，类似于在线"卖艺"。那么，观众打赏的行为是对其"表演"的付费吗？在剖析其行为的本质的基础上，并结合相关的法律规定，不难发现，宜将**电子游戏直播打赏行为应定性为赠与行为**，观众所实施的打赏完全取决于其个人意志，并非对所享受到的"表演"进行付费。

具体来说，根据我国《民法典》的规定，"赠与合同是赠与人将自己的财产无偿给予受赠人，受赠人接受赠与的合同"。电子游戏主播对不特定的公众进行表演，完全属于自愿自发，其虽在视频窗口明显位置提供打赏链接，但这并没有要求观众支付相应对价的强制力，观众打赏与否仍然取决于其个人，其有打赏的权利，也有不打赏的自由。因此，观众对电子游戏直播进行打赏的行为，实质上属于向特定的主播无偿转移相应的财产所有权。而在具体的法律关系调整上，当观众自愿将财产转移到主播账户后，赠与合同即宣告成立，应当按照民法典所规定的赠与合同权利义务关系进行调整。

本故事中，针对黄语谙三年级的小侄子在父母不知情的情况下，进行巨额游戏打赏的问题，需要进一步探讨未成年人民事行为效力问题。根据《民法典》第十九条的规定："八周岁以上的未成年人为限制民事行为能力人，实施民事法律行为由其法定代理人代理或者经其法定代理人同意、追认，但是可以独立实施纯获利益的民事法律行为或者与其年龄、智力相适应的民事法律行为。"我国《民法典》第一百四十五条规定："限制民事行为能力人实施的纯获利益的民事法律行为或者与其年龄、智力、精神健康状况相适应的民事法律行为有效；实施的其他民事法律行为经法定代理人同意或者追认后有效。相对人可以催告法定代理人自收到通知之日起三十日内予以追认。法定代理人未作表示的，视为拒绝追认。民事法律行为被追认前，善意相对人有撤销的权利。撤销应当以通知的方式作出。"

按照年龄判断，黄语谙三年级的小侄子属于限制民事行为能力人，其所实施的巨额电子游戏直播打赏行为既不属于可以独立实施的纯获利益的民事法律行为，也并不符合与其年龄、智力相适应的要求，因此属于效力待定的行为，需要由其法定代理人代理或者经其法定代理人同意、追认。在其作为法定代理人的父母不知情的情况下，由于法定代理人拒绝追认，这一赠与行为原则上无效，其不承担向主播转移财产所有权的法律义务。因此，根据《民法典》第一百五十七条的规定："民事法律行为无效、被撤销或者确定不发生效力后，行为人因该行为取得的财产，应当予以返还……"其父母可以搜集相关证据并向直播平台提交，证明该未成年人是在其不知情的情况之下擅自打赏，要求返还巨额的打赏费用；如果对方拒绝返还，也可以采取法律的武器维护自身的合法权益。

未成年人是初升的太阳，也是祖国的未来和希望，需要社会的悉心引导和培育。对此，我国专门制定了《未成年人保护法》，规定了国家、社会组织、个人保护未成年人的义务。其中，网络直播平台也应当承担其自身的社会责任，通过严格限定注册门槛，并尽到审查和提示的义务，审慎许可未成年人进入，并限制其进行非理性打赏行为，给广大青少年提供健康良好的互联网环境。

法条索引

《民法典》

第十九条

八周岁以上的未成年人为限制民事行为能力人，实施民事法律行为由其法定代理人代理或者经其法定代理人同意、追认；但是，可以独立实施纯获利益的民事法律行为或者与其年龄、智力相适应的民事法律行为。

第二十条

不满八周岁的未成年人为无民事行为能力人，由其法定代理人代理实施民事法律行为。

第二十三条

无民事行为能力人、限制民事行为能力人的监护人是其法定代理人。

第一百四十三条

具备下列条件的民事法律行为有效：

（一）行为人具有相应的民事行为能力；

（二）意思表示真实；

（三）不违反法律、行政法规的强制性规定，不违背公序良俗。

第一百四十四条

无民事行为能力人实施的民事法律行为无效。

第一百四十五条

限制民事行为能力人实施的纯获利益的民事法律行为或者与其年龄、智力、精神健康状况相适应的民事法律行为有效；实施的其他民事法律行为经法定代理人同意或者追认后有效。

相对人可以催告法定代理人自收到通知之日起三十日内予以追认。法定代理人未作表示的，视为拒绝追认。民事法律行为被追认前，善意相对人有撤销的权利。撤销应当以通知的方式作出。

第一百五十七条

民事法律行为无效、被撤销或者确定不发生效力后，行为人因该行为取得的财产，应当予以返还；不能返还或者没有必要返还的，应当折价补偿。有过错的一方应当赔偿对方由此所受到的损失；各方都有过错的，应当各自承担相应的责任。法律另有规定的，依照其规定。

第六百五十七条

赠与合同是赠与人将自己的财产无偿给予受赠人，受赠人表示接受赠与的合同。

《未成年人保护法》

第三十三条

国家采取措施，预防未成年人沉迷网络。国家鼓励研究开发有利于未成年人健康成长的网络产品，推广用于阻止未成年人沉迷网络的新技术。

用短视频解说电影有风险吗？

正所谓"郎有情，妾有意"，叶昀和黄语谐之后的事情似乎就顺理成章了。在两人认识第 99 天的时候，叶昀终于按捺不住，准备戳破窗户纸，正式把关系确定下来。叶昀希望可以给黄语谐留下难忘的回忆，于是打开手机搜索最近上线的影片。恰好有一部爱情电影正在热映，名字看起来非常应景——《第 100 次心动》。"是每天心动一次，第 100 天刚好心动一百次吗？"叶昀顾名思义，开始合理遐想，但不知道电影具体内容如何，终究有些没有底气。

"'磨刀不误砍柴工'，必须做好前期准备工作，不能让'喜剧'变成'悲剧'"。于是他打开一个短视频

App，在搜索栏输入相应影片名字，不一会儿，就冒出了许多关于影片的介绍解说。"8分钟带你看完《第100次心动》，就是你了"，叶昀发现电影的内容正合适，就此安下心来，开始安排明天的行程。

短视频电影解说让人们可以花费极短的时间就快速获得有价值的信息，确实给人带来了诸多便利，但值得思考的是：这种形式的解说与原作品之间的关系如何？是否属于对解说的电影的知识产权侵权？

情景说法

这涉及著作权侵权和合理使用的问题。

短视频在近几年日益成为互联网产业的新增长点，从观看时长和用户数量等方面都有反超长视频的趋势，成为网络视频产业的"排头兵"。街头巷尾，茶余饭后总有人拿出手机观看各类短视频，短视频无处不在，无时不在，俨然已经进入全民短视频时代。其中，电影解说类短视频作为重要组成部分，也受到了许多人的追捧，它让人们可以在极短的时间内快速获得有价值的信息，在娱乐大家的休闲生活，给人带来诸多便利的同时，也暴露出许多著作权侵权的风险。

以"谷阿莫被诉侵权案"为例，其因为制作的电影解说被多家公司诉至法院。"谷阿莫"是某短视频网站上知名的电影解说博主，自其2016年在微博走红后，"几分钟看完××电影"成为鲜明特色。其视频以精练简洁、风趣幽默的语言介绍相关影视剧作品，同时视频上也会同时呈现相应作品的片段。这一风格击中了快节奏生活用户的痛点，很快引发了爆发性增长，一时间类似博主层出不穷，播放量甚众，博主也积攒了较大规模的粉丝群体，获得了较高的商业价值。

那么，电影解说是否会侵害解说的电影的著作权？对此，需要厘清两者之间的关系，并需要在此基础上进一步思考著作权侵权和合理使用的界限问题。从形式和内容上看，电影解说在原电影的基础上进行了二次创作，如果其解说词满足独创性的要求，可以构成作品，其自身能够获得著作权法的保护；但这并不意味着它本身就一定不涉及侵权，如果其涉及部分的电影画面和内容，没有得到原著作权人的许可，将有侵犯电影作品的修改权和保护作品完整权的嫌疑，很可能被判定构成侵权。

在"谷阿莫"案中，"谷阿莫"认为其视频满足著作权合理使用原则，属于二次创作未侵权，而且其视频所面向的是看不懂电影的人，并非意在攫取商业利益。合理使用制度是著作权法上的一大难点，其是出于公共利益的考虑，规定在某些情况下，可以不经著作权人许可，也不需要支付报酬就可以使用相关作品。严格来说，根据我国《著作权法》第22条所明确规定的十二种合理使用情形来看，电影解说这一形式并不包含在其中；但近年来，也有不少学者主张依照美国"转换性使用"的规则，从立法主旨层面对此进行豁免，以达到促进文化作品产出的良好效果。孰是孰非，尚需要时间的验证。

目前为止，"谷阿莫被诉侵权案"尚未有盖棺定论，双方仍在调解磋商阶段。在我国，2018年《国家新闻出版广电总局办公厅关于进一步规范网络视听节目传播秩序的通知》就已经规定："坚决禁止非法抓取、剪拼改编视听节目的行为……不得截取若干节目片段拼接成新节目播出。"在尘埃落定前，有此前车之鉴，各网红博主乃至业余视频制作爱好者也应当吸取教训，加强风险意识。关注度越高的网红博主越要提高风险管理意识，警惕著作权侵权风险，尽量在解说前获得相关版权方的许可，不要落人口舌，为未来埋下隐患。

法条索引

《著作权法》

第十条

著作权包括下列人身权和财产权：

……

（三）修改权，即修改或者授权他人修改作品的权利；

（四）保护作品完整权，即保护作品不受歪曲、篡改的权利；

（五）复制权，即以印刷、复印、拓印、录音、录像、翻录、翻拍等方式将作品制作一份或者多份的权利；

……

第二十二条

在下列情况下使用作品，可以不经著作权人许可，不向其支付报酬，但应当指明作者姓名、作品名称，并且不得侵犯著作权人依照本法享有的其他权利：

（一）为个人学习、研究或者欣赏，使用他人已经发表的作品；

（二）为介绍、评论某一作品或者说明某一问题，在作品中适当引用他人已经发表的作品；

（三）为报道时事新闻，在报纸、期刊、广播电台、电视台等媒体中不可避免地再现或者引用已经发表的作品；

（四）报纸、期刊、广播电台、电视台等媒体刊登或者播放其他报纸、期刊、广播电台、电视台等媒体已经发表的关于政治、经济、宗教问题的时事性文章，但作者声明不许刊登、播放的除外；

（五）报纸、期刊、广播电台、电视台等媒体刊登或者播放在公众集会上发表的讲话，但作者声明不许刊登、播放的除外；

（六）为学校课堂教学或者科学研究，翻译或者少量复制已经发表的作品，供教学或者科研人员使用，但不得出版发行；

（七）国家机关为执行公务在合理范围内使用已经发表的作品；

（八）图书馆、档案馆、纪念馆、博物馆、美术馆等为陈列或者保存版本的需要，复制本馆收藏的作品；

（九）免费表演已经发表的作品，该表演未向公众收取费用，也未向表演者支付报酬；

（十）对设置或者陈列在室外公共场所的艺术作品进行临摹、绘画、摄影、录像；

（十一）将中国公民、法人或者其他组织已经发表的以汉语言文字创作的作品翻译成少数民族语言文字作品在国内出版发行；

（十二）将已经发表的作品改成盲文出版。前款规定适用于对出版者、表演者、录音录像制作者、广播电台、电视台的权利的限制。

《国家新闻出版广电总局办公厅关于进一步规范网络视听节目传播秩序的通知》

一、坚决禁止非法抓取、剪拼改编视听节目的行为。

所有视听节目网站不得制作、传播歪曲、恶搞、丑化经典文艺作品的节目；不得擅自对经典文艺作品、广播影视节目、网络原创视听节目作重新剪辑、重新配音、重配字幕，不得截取若干节目片段拼接成新节目播出；不得传播编辑后篡改原意产生歧义的作品节目片段。严格管理包括网民上传的类似重编节目，不给存在导向问题、版权问题、内容问题的剪拼改编视听节目提供传播渠道。对节目版权方、广播电视播出机构、影视制作机构投诉的此类节目，要立即做下线处理。

网红博主和 MCN 机构的法律关系

虽是情场得意，但事业上，叶昀却遇到一些问题。叶昀作为科技宅，曾因在哔哩哔哩上分享各类电子设备，获得了一定的关注。之后，就有 MCN 公司找上门来，与之签订合同，允诺提供一定的内容策划和流量支持。但是此后，公司却仿佛销声匿迹一般，根本没有给予相应的资源和技术帮助，叶昀也没有从中获得任何收入。直到最近正式入职后，公司却突然找上门，认为他拍摄的视频属于公司所有，同时称其违反"不得与其他组织签订劳务合同"的合同约定，需要据此赔偿违约金。而对此，叶昀在签署合同时就和公司负责人进行过交流，确认此条款的含义是"不可以再签订同类型的 MCN 机构"。这飞来横祸,让叶昀觉得非常冤枉。

伴随着网红博主的事业起飞,MCN 机构也如雨后春笋一般,不断涌现。它们与博主之间有着盘根错节的关系,如果两相补益,可以带来"双赢";否则,也可能成为博主成长道路上的"绊脚石"。

因此,有必要思考如下一些问题:网红博主和 MCN 机构之间的合同属于什么性质?签署了合同是否意味着网红博主制作的视频等知识产权将归属于 MCN 公司?该账号归谁所有?如果存在一方不履行约定的情况,应该如何解决?

情景说法

这涉及网红博主与 MCN 公司之间的法律关系,合同约定的性质及违约等问题。

MCN 全称为多频道网络(Multi-Channel Network)组织,是一种在商业公司与自媒体工作者建构合作桥梁,帮助内容生产者变现,并从中获利的经济组织。其最早源自于国外著名视频网站 YouTube。

简言之,可以把 MCN 机构理解为"网红们的经纪公司",一方面为网红提供经纪服务,包括:寻找并整合商业资源,帮助其进行内容推广,获得影响力变现;另一方面也为平台持续提供优质的输出内容,为需要推广产品的商家甄选、介绍合适的网红。

MCN 机构旨在解决网红与甲方之间的对接问题,良性的合作可以完成资源的高效匹配,节约成本和资源。一般来说,MCN 公司会寻找各个平台上初具雏形的网红进行合作,但也有部分 MCN 机构通过自主培育的方式挖掘有潜力的新生网红,实现"从无到有"的"网红孵化"。随着各大自媒体平台的兴起,国内 MCN 机构也得到了十分迅猛的发展,所成立的机构逾千余家,绝大部分的知名网红都签署了各大 MCN 公司。

MCN 机构的运作模式实际上是 5G 时代互联网冲击之下,新型的经纪业态发展模式。网红博主与 MCN 公司之间签署的合同一般为经纪合同。对于合同

的法律性质，根据现有规定和司法判例，一般认为其兼有委托合同、劳动合同、行纪合同和居间合同等特征，属于综合性的合同。对于具体的合同条款及内容，需要按照合同的一般原则，根据其所使用的措辞，签署的目的和通行惯例等综合判断。

一般来说，只要不涉及公序良俗等公共利益问题，合同属于双方意思自治的范畴，可以自由约定相关的合同事项。对于自己成长起来、后续签约的网红而言，其账号一般都是自己注册并培育的，因为其在博弈中所具有的优势地位，使其在后续与 MCN 机构签约并约定账号、视频等知识产权资源归属自己时，一般不会遇到太多障碍，所发生的法律纠纷比较少。而如果是完全由 MCN 机构孵化的网红，情况则可能更加复杂。对此，如果发生纠纷时，法院通常会秉持契约自由、当事人意思自治的宗旨按照合同条款的约定进行判决；如果如有具体明确的约定时，或约定明显违法、不合理的情况下，也可能根据公平正义的原则进行衡量。

当下，随着自媒体产业的爆发式增长，网红账号、视频资源的商业价值也日益得到充分的挖掘。因此，无论是原生网红博主，还是平台孵化的新人，其在签约相应的 MCN 公司时也尤其要注意审查相应的合同条款，注意双方权利义务的一致性，对于分成问题、机构的具体扶持义务、违约的情形和金额尽量进行指标上的量化，尤其对于核心视频资源、账号的归属进行约定，防止博主离开、解约的情况之下发生"扯皮"。而当合同当事人一方未按照约定履行，致使不能实现合同目的时，另一方可以要求解除，并根据违约金条款，结合实际情况，要求对方赔偿损失。

法条索引

《民法典》

第四百六十四条
合同是民事主体之间设立、变更、终止民事法律关系的协议。

婚姻、收养、监护等有关身份关系的协议，适用有关该身份关系的法律规定；没有规定的，可以根据其性质参照适用本编规定。

第四百六十五条

依法成立的合同，受法律保护。

依法成立的合同，仅对当事人具有法律约束力，但是法律另有规定的除外。

第五百零九条

当事人应当按照约定全面履行自己的义务。

当事人应当遵循诚信原则，根据合同的性质、目的和交易习惯履行通知、协助、保密等义务。

当事人在履行合同过程中，应当避免浪费资源、污染环境和破坏生态。

第五百六十二条

当事人协商一致，可以解除合同。

当事人可以约定一方解除合同的事由。解除合同的事由发生时，解除权人可以解除合同。

第五百六十三条

有下列情形之一的，当事人可以解除合同：

（一）因不可抗力致使不能实现合同目的；

（二）在履行期限届满前，当事人一方明确表示或者以自己的行为表明不履行主要债务；

（三）当事人一方迟延履行主要债务，经催告后在合理期限内仍未履行；

（四）当事人一方迟延履行债务或者有其他违约行为致使不能实现合同目的；

（五）法律规定的其他情形。

以持续履行的债务为内容的不定期合同，当事人可以随时解除合同，但是应当在合理期限之前通知对方。

网红博主"带货"的法律风险

　　幸好有黄语谙的帮助，叶昀避免了违约金的赔偿，并以对方违约为由顺利解除了合同。"以后不要随便签MCN机构了，要签也必须让我把把关……哎，不如自力更生，我来当你的'经纪人'吧，策划、运营、财务、接商单，样样精通，包你满意"，黄语谙好一通挤眉弄眼，叶昀脸上的阴霾终于一扫而空。

　　说干就干，黄语谙开始利用自己的人脉圈子，卖力地帮男友吆喝。不多时，叶昀的粉丝量就有了质的飞跃，也渐渐地有商家闻讯赶来，想让他在视频中介绍自己的产品，并许诺给予丰厚的报酬。眼看这些报酬超过了自己主业的薪资，正为年度旅游经费犯愁的叶昀和黄语谱也不觉有些心动。

按照约定，叶昀在自己的视频中按要求介绍了商家的速充设备，并在评论区置顶了相关的淘宝链接。配合激昂欢快的背景音乐，视频显得格外红红火火。得益于以往叶昀的良好风评，加上此次的充足准备、具体专业的解说，评论区一片支持之声。

我们需要思考的是，叶昀在是视频中使用他人的歌曲作为背景音乐，是否构成知识产权侵权？对此，又应当如何规避法律风险？

情景说法

这涉及使用他人作品的著作权问题和合理使用问题。

随着短视频、直播产业的爆炸式发展，越来越多的人参与到内容产出、直播带货过程中，其中，为了使视频内容、直播效果更加精彩，大量的歌曲被作为背景音乐使用。其中，音乐作品的著作权侵权问题也日益严重。

根据我国《著作权法》的规定，具有独创性的歌曲属于音乐作品，将落入著作权法的保护范畴。使用他人享有著作权的歌曲，需要提前申请授权，除非属于合理使用的情形，否则将会构成侵权，需要承担侵权责任。如果符合合理使用制度的规定，则可以不经著作权人同意，也不需要支付报酬。比如，为了报道新闻的使用，等等。音乐作品一般是委托版权集体管理组织来进行管理、授权和维权的，创作者通过加入版权集体管理组织来保障自己的合法权益。在中国，相关的版权集体管理组织是中国音像著作权集体管理协会。

而正因为短视频、直播产业对背景音乐的广泛需求，部分网站便顺应行业发展需要开通了相应服务。如：视频网站 YouTube 很久之前就开通了视频音乐版权服务，详细制定了翻唱或视频背景音乐（Background Music，BGM）的署名和使用规则，帮助音乐作品著作权人进行管理，使其可以从中分享收益。

而国内的视频平台，哔哩哔哩目前尚没有推出类似的音乐版权管理制度；

直播平台抖音则在音乐版权保护上做得更加周全，其已先后与多家唱片及词曲版权公司达成合作，如：环球音乐、华纳音乐、环球词曲等公司，面向使用者提供更加多样化的正版音乐作品。

目前，虽然国内的相关音乐作品保护意识还比较欠缺，缺乏大规模维权的技术和动力。但这并不意味着在短视频和直播作品中使用有版权的作品作为背景音乐就是完全没有问题的，在可以预见的未来，知识产权的保护和侵权打击力度必将进一步加强。对此，短视频制作者、直播主播在进行内容创作时，需要提高知识产权意识，尽量使用无版权作品，或者提前取得作品授权。为了管理和规范上的便利，有许多可以自主申请授权的网站，比如：AGM 商用音乐授权平台、100Auido 平台，等等，使用者可以十分便利地申请授权，有些还会提供包月、包年等服务，相对来说，授权使用成本也比较低廉。

本故事中，叶昀在直播带货时使用其他人享有著作权的音乐作品作为背景音乐，是商业性的使用，且不符合我国合理使用制度的任何一种情形，在没有获得授权的情况下，将构成侵权。对此，其可能会面临平台的处罚和版权人的侵权赔偿要求。为了规避法律风险，防止引起不必要的麻烦，相关博主最好提前做好检索和授权工作。

法条索引

《著作权法》

第三条

本法所称的作品，包括以下列形式创作的文学、艺术和自然科学、社会科学、工程技术等作品：

......

（三）音乐、戏剧、曲艺、舞蹈、杂技艺术作品；

......

第十条

著作权包括下列人身权和财产权：

……

（四）保护作品完整权，即保护作品不受歪曲、篡改的权利；

（五）复制权，即以印刷、复印、拓印、录音、录像、翻录、翻拍等方式将作品制作一份或者多份的权利；

（六）发行权，即以出售或者赠与方式向公众提供作品的原件或者复制件的权利；

……

（十一）广播权，即以无线方式公开广播或者传播作品，以有线传播或者转播的方式向公众传播广播的作品，以及通过扩音器或者其他传送符号、声音、图像的类似工具向公众传播广播的作品的权利；

……

著作权人可以许可他人行使前款第（五）项至第（十七）项规定的权利，并依照约定或者本法有关规定获得报酬。著作权人可以全部或者部分转让本条第一款第（五）项至第（十七）项规定的权利，并依照约定或者本法有关规定获得报酬。

故事八

外观设计专利：『鸡肋』还是法宝？

电商平台外观设计专利会构成侵权吗？

叶昀在平台上帮商家的打广告的效果出奇的好，有许多科技发烧友就专门按照指引，找到了对应商家的淘宝店下单，并在评论中留言"看了叶昀的视频过来的"。商家赚得盆满钵满，不禁喜上眉梢，直言叶昀是自己的"招财猫"，要接着开展后续的合作。

但可谓是"人怕出名猪怕壮"，还没高兴几天，商家就收到一封律师函——来自知名的手机制造公司"柠檬公司"，声称其制造销售的这款产品擅自使用了"柠檬公司"所拥有的外观设计专利，属于侵权行为，应当即刻停止销售，并给予经济赔偿。

这下，商家刚才还喜气洋洋的脸，一下子就阴沉下来。自己确实没有向"柠檬公司"申请过授权，但这接口不是"通行"的吗？电商平台上大家都在制造、销售类似的产品，怎么就自己这么"倒霉"？本来自己就是小本买卖，要是真的摊上官司，就算不倒闭，也要"伤筋动骨"，元气大伤了。得知黄语谙刚好是法律专业人士，商家赶紧来向其寻求意见。黄语谙比对了一下商家制造的产品所采用的接口部分和"柠檬公司"拥有外观设计专利的形状，发现两者几乎没有区别。那么，这种情况之下，商家的行为会构成知识产权侵权吗？外观设计专利和其他发明专利的区别是什么？其存在的价值和必要性如何体现？后续商家在生产经营过程中应该注意些什么？

情景说法

作为知识产权的重要组成部分，专利权是指发明创造人或其权利受让人对特定的发明创造在一定期限内所依法享有的控制权。专利权指向的种类包括发明、实用新型和外观设计。其中，外观设计专利是指产品的形状、图案或者其结合以及色彩与形状、图案的结合所作出的富有美感并适于工业应用的新设计。在应用中，其最容易被忽视，但实际上却发挥着不可替代的作用。

与发明和实用新型不同，外观专利的申请门槛较低：前者要求具备新颖性、创造性和实用性，并且在材料准备和程序上更加严格繁琐；相比之下，外观专利仅要求与现有设计或者现有设计特征的组合相比，具有明显区别，并且不得与他人在申请日以前已经取得的合法权利相冲突，更为简单易行。

发明、实用新型、外观设计专利的比较

	发　　明	实用新型	外观设计
保护客体	产品、方法或者其改进所提出的新的技术方案	产品的形状、构造或者其结合所提出的适于实用的新的技术方案	产品的形状、图案或者其结合以及色彩与形状、图案的结合所作出的富有美感并适于工业应用的新设计
审查制度	实质审查	形式审查	形式审查

	发　明	实用新型	外观设计
授权条件	新颖性、创造性和实用性	新颖性、创造性和实用性	与现有设计或者现有设计特征的组合相比，具有明显区别；不得与他人在申请日以前已经取得的合法权利相冲突
创造性标准	具有突出的实质性特点和显著的进步	具有实质性特点和进步	不相近似
申请文件	请求书、说明书及其摘要和权利要求书等文件	请求书、说明书及其摘要和权利要求书等文件	请求书、该外观设计的图片或者照片以及对该外观设计的简要说明等文件
保护期限	20 年	10 年	10 年

更为重要的是：当发生纠纷的时候，与其他两者相比，在判定侵权上，外观设计专利更加简单直观。因为外观设计专利的直观性，其判定难度最低，所以平台维权的效率也相对较高，可以获得及时的救济，同时也避免了给对方留下规避空间，容易得到司法的支持。

本故事中，商家制造的产品所采用的接口部分和"柠檬公司"拥有外观设计专利的形状几乎没有区别，将会构成专利侵权，需要承担相应的侵权责任。这也警诫其在之后的生产经营中梳理知识产权意识，提前做好检索工作，如果需要使用到具有专利权的设计，应当提前向权利所有者申请授权，从而防止侵权造成不必要的损失。

由此不难看出，发明、实用新型和外观设计专利各有其不同，各个企业在申请时应当针对自己的诉求和产品实际情况审慎加以抉择，具有而言需要思考以下几个方面：第一，辨别拟申请的创造符合哪一类型专利的申请条件。发明专利的要求最高，实用新型专利次之，外观设计专利则相对来说更容易符合，如果以不满足条件的涉及去申请发明，很可能费时费力，且毫无成效；第二，梳理自身的诉求，在此基础上综合比较各个类型的优缺点。发明专利保护期限长，但授权要求高，审批程序也相对复杂，授权成本也比较高；实用新型专利和外观设计专利虽然保护期限较短，但授权要求相对更低，审批程序也要简单得多，所需的费用也比较低。如果企业希望快速获得授权，及早进行市场保护，可以考虑选择这一类型。

实践中，苹果公司就曾就其闪电数据线接口（Lightning Connector）在多个国家和地区申请几十余项外观设计专利，此举便为其每年增收几十亿美金。在5G时代来临之际，我国企业应当将其作为前车之鉴，提高知识产权意识，围绕电子配件等提前做好布局，防范侵权的同时也可以为自己创收，以便在下一轮的激烈竞争中获得优势。

法条索引▶

《专利法》

第二条

本法所称的发明创造是指发明、实用新型和外观设计。发明，是指对产品、方法或者其改进所提出的新的技术方案。实用新型，是指对产品的形状、构造或者其结合所提出的适于实用的新的技术方案。**外观设计，是指对产品的形状、图案或者其结合以及色彩与形状、图案的结合所作出的富有美感并适于工业应用的新设计。**

第二十三条

授予专利权的外观设计，应当不属于现有设计；也没有任何单位或者个人就同样的外观设计在申请日以前向国务院专利行政部门提出过申请，并记载在申请日以后公告的专利文件中。授予专利权的外观设计与现有设计或者现有设计特征的组合相比，应当具有明显区别。授予专利权的外观设计不得与他人在申请日以前已经取得的合法权利相冲突。本法所称现有设计，是指申请日以前在国内外为公众所知的设计。

第二十七条

申请外观设计专利的，应当提交请求书、该外观设计的图片或者照片以及对该外观设计的简要说明等文件。申请人提交的有关图片或者照片应当清楚地显示要求专利保护的产品的外观设计。

第五十九条

发明或者实用新型专利权的保护范围以其权利要求的内容为准，说明书及附图可以用于解释权利要求的内容。外观设计专利权的保护范围以表示在图片或者照片中的该产品的外观设计为准，简要说明可以用于解释图片或者照片所表示的该产品的外观设计。

电商销售警用品的法律问题

"你最近晚上要是加班回来得晚，记得打电话跟我说，我送你回家"，叶昀刷着手机新闻，不无忧虑地对黄语谙说，"对了，就算回到家，也要记得锁好门，这几天周边不安分，抢劫、盗窃事件层出不穷，你一个女生，尤其需要多注意。"黄语谙把头点得和小鸡啄米似的，"希望不要碰上，不然我手无缚鸡之力，横竖都完蛋"，想到这里，她不禁又叹了一口气。

"瞎说什么，'力气不够，工具来凑'，让我来帮你准备几个防狼工具"，只见叶昀顺势打开了淘宝，相应的防护工具一应俱全，不一而足，有比较基础的防狼喷雾、报警器，甚至还有电警棍、"新型警用枪袋""警服"出售，看起来和真正的警用品一模一样。"干脆我买个全套警用装备吧，把自己伪装成英姿飒爽的女警察，这样是不是歹徒都不敢打我的主意了"，黄语谙立马脑补一出港剧《陀枪师姐》的画面，美滋滋地说。

"你想得美，所谓'金玉其外，败絮其中'，你就算有个花架子，但是没用真功夫，一招半式就露怯了，还不如和我一起上个泰拳训练班，再练练长跑，加强体能训练，到时候就算打不过，还能躲得快"，叶昀佯装生气。黄语谙购买警服的心思算是被打消了，但问题来了：警服的设计与众不同，仿制是否会构成知识产权侵权？如果仿制一般服装又如何？在网上销售警服等警用品是否存在法律风险？

情景说法

这涉及仿制服装的知识产权侵权问题，以及制造、销售和使用警用品的合法性问题。

目前，"山寨"服装非常常见，往往是一家店铺的爆款流行，其他店铺就开始纷纷效仿。如果仿制的是一般日常穿着的服装，需要考虑的是其是否侵犯著作权的问题。为了厘清这一问题，首先需要区分服装设计图和依据设计图所制作的成衣这两个概念。服装设计图，这是指导服装剪裁的图纸，如果满足独创性的要求，它可以得到我国著作权法的保护，进而落入图形作品的范畴。而成衣，顾名思义，是指依据设计图纸制作成型的剪裁出来的终极服装产品。成衣往往包含两类设计元素：以喷绘、刺绣等附着的图案设计和其本身的剪裁、立体造型等。对于前者，可以以著作权法上的独创性为衡量标准，纳入美术作品的保护之中；而对于后者，因为服装作为一种特殊工业品，即便具有设计美感，也很难满足"实用性和艺术性相分离"的要求，因此更难得到知识产权保护的支持。

因此，为了防范服装"抄袭"，需要另辟蹊径，借助专利法或者反不正当竞争法保护服装设计者的权益。具体而言，一方面，可以按照专利法的规定，将符合外观设计专利的服装设计申请外观设计专利；另一方面，可以尝试寻求反不正当竞争法的保护。当然，以上这些措施也可能因为时间较长、手续烦琐、维权成本高等问题无法提供及时、有效的保护，加之服装属于季节性产品，其时效性一般非常有限，服装设计者往往可以从先发优势上获得利益补偿，从而丧失以其他方式追偿的动力；但这不意味着其他生产者就可以高枕无忧，如果不能实现自主创新，其未来发展道路也将举步维艰。

而故事中涉及的警服仿制的问题，所需要考虑的除了知识产权侵权外，还应当从公序良俗的角度辨识其生产、销售乃至穿着的合法性。根据《人民警察法》的规定，"人民警察的警用标志、制式服装和警械，由国务院公安部门统一监制，会同其他有关国家机关管理，其他个人和组织不得非法制造、贩卖。"《人民警察制式服装及其标志管理规定》也对其做了更为详细的规定，非法生产、销售人民警察制式服装及其标志的，根据情节轻重，将面临行政处罚和刑事处罚等法律责任。2011 年 11 月，公安部还曾发布通告禁止非法生产销售持有使用警用品，进一步规范了人民警察专用标志、制式服装、证件和警械等警用品的管理，给予仿制并在网上销售警服等警用品以负面评价。而个人购买、穿着警服的行为也将严重扰乱公共秩序，损害人民警察的严肃性，也有触犯法律的嫌疑，应当受到规范。

目前，根据《淘宝禁售商品管理规范》的规定，任何商品信息中不能出现现役军警服饰及相关配件、军警器械等内容，一旦发现要进行扣分甚至受到关店处理；但仍然有商家铤而走险，借由"保安服"的名号打"擦边球"。对此，公安机关和相关的电商平台应当进一步加强宣传教育工作和打击力度，通过公布典型案例，强化网络监管，做好普法工作和风险警示，维护良好的生产经营秩序。

《人民警察法》

第三十六条

人民警察的警用标志、制式服装和警械，由国务院公安部门统一监制，会同其他有关国家机关管理，其他个人和组织不得非法制造、贩卖。

人民警察的警用标志、制式服装、警械、证件为人民警察专用，其他个人和组织不得持有和使用。

违反前两款规定的，没收非法制造、贩卖、持有、使用的人民警察警用标志、制式服装、警械、证件，由公安机关处十五日以下拘留或者警告，可以并处违法所得五倍以下的罚款；构成犯罪的，依法追究刑事责任。

《人民警察制式服装及其标志管理规定》

第三条

人民警察制式服装及其标志由公安部统一监制并组织实施管理。

第四条

公安机关人民警察制式服装专用标志由公安部统一配发。

第五条

人民警察制式服装及其标志由公安部指定的企业生产。人民警察制式服装及其标志指定生产企业由公安部通过招标等形式确定。

第七条

人民警察制式服装及其标志为人民警察专用，其他任何单位和个人不得持有和使用。

第八条

严禁任何单位和个人非法生产、穿着和佩带人民警察制式服装及其标志。严禁买卖人民警察制式服装及其标志。

第九条

严禁任何单位和个人生产、销售、购买、穿着和佩带与人民警察制式服装及其标志式样、颜色、图案相仿并足以造成混淆的服装和标志。

第十四条

单位或者个人非法生产、销售人民警察制式服装及其标志的，由县级以上公安机关没收非法生产、销售的人民警察制式服装及其标志；对单位直接负责的主管人员和直接责任人员或者个人处十五日以下拘留，可以并处违法所得五倍以下罚款；情节严重，构成犯罪的，依法追究刑事责任。

第十五条

人民警察制式服装及其标志指定生产企业违反规定，超计划生产或者擅自转让生产任务的，除按照本规定第十六条处罚外，并可由公安部取消其人民警察制式服装及其标志生产资格。

第十六条

单位或者个人非法持有、使用人民警察制式服装及其标志的，由县级以上公安机关没收非法持有、使用的人民警察制式服装及其标志，处一千元以下罚款，并可对单位直接负责的主管人员和直接责任人员或者个人处十日以下拘留；构成犯罪的，依法追究刑事责任。

第十七条

生产、销售与人民警察制式服装及其标志相仿并足以造成混淆的服装或者标志的，由县级以上公安机关责令停止非法生产或者销售，处警告或者五千元以上一万元以下罚款。

第十八条

穿着和佩带与人民警察制式服装及其标志相仿并足以造成混淆的服装或者标志的，由县级以上公安机关责令改正，处警告或者一千元以下罚款。

故事十

视频聚合平台『盗链』其他网站资源合法吗？

视频聚合平台的法律问题

上周末，二人忙了一整天，晚上的时候打算叫个外卖休息一下。

下饭怎么能没有视频呢？"既然不想出门看电影，我们不妨在网上找个电视剧看吧"，黄语谙提议道，"听同事说，最近有一部剧叫做《夫妻的生活》，能一起看完不分手的都是真爱"。

黄语谙打开 Ipad 上的"电视狗"App，搜索起来。"电视狗"App 是一个视频聚合平台，可以一站式地找到自己所需要的视频资源，不管是来源于任何主流网站上的视频，都能通过它的播放器观看，不但可以避免收费，还能跳过广告，非常方便快捷。我们不妨思考下："电视狗"App 聚集其他视频网站的视频资源合法吗？是否会造成知识产权侵权？可能会面临什么样的指控和处罚？

情景说法

这主要涉及"深度链接"的性质、信息网络传播权的判断标准以及不正当竞争的问题。

视频聚合平台是近年来兴起的一种新的服务模式，提供者通过"盗链""加框链接"等深度链接等技术，通过破坏其资源保护装置的方式，整合利用各大主流网站分散的视频资源，让用户可以直接在其页面观看自己心仪的视频作品。同时，在盗链模式之下，它还能直接读取其所链接视频网站储存于"仓库"之中的视频资源，帮用户跳过广告，避免收费。这在便利使用者的同时，也是在违法的边缘试探。

近几年，围绕这一问题发生了非常多的诉讼，不同案件的判决结果有一定出入，判决依据也并不相同。这主要源于长期以来，法律理论结和实务界各方对著作权人信息网络传播权的判断标准认识上的差异和存在的争议。我国《著作权法》规定，"信息网络传播权，即以有线或者无线方式向公众提供作品，使公众可以在其个人选定的时间和地点获得作品的权利"。

而具体关于其中"提供行为"如何判断上又有不同的解释，《最高人民法院关于审理侵害信息网络传播权民事纠纷案件适用法律若干问题的规定》试图从正面列举和反面排除的方式进一步缩小"提供行为"的范畴，但仍然存在一定的解释空间，未从根本上解释问题。由此造成割裂的局面：北京、山东、上海等地的法院将"置于向公众开放的网络服务器上"写入其指导意见，但同时其部分法院也存在不同的看法。

具体而言，在视频聚合平台侵权与否问题上，一部分法院主张，对信息网络传播权的判断标准采取"用户感知标准""实质性替代标准""实质呈现标准"等，认为这一行为将构成对权利人著作权的直接侵权；而另一部分法院却坚持"服务器标准"，认为不构成直接侵权，但与此同时，其也并未全然认可这一模式的合法性，而是主张被链接网站可以通过反不正当竞争路径提起诉讼，从而保护自身的利益。

总的来说，在侵权认定上，视频聚合平台的侵权行为究竟属于著作权侵权，还是构成不正当竞争行为没有统一的认识；但毫无疑问的是，如果诉诸法院，行为人有极大的败诉风险，可能面临高额的赔偿。随着我国不断加大对侵权行为的打击力度，这一产业的生存空间也岌岌可危，当务之急有必要改变链接方式以避免侵权，从而与视频网站实现共赢，共同促进视频产业的健康发展。

法条索引

《著作权法》

第十条

著作权包括下列人身权和财产权：

……

（十二）信息网络传播权，即以有线或者无线方式向公众提供作品，使公众可以在其个人选定的时间和地点获得作品的权利；

……

著作权人可以许可他人行使前款第（五）项至第（十七）项规定的权利，并依照约定或者本法有关规定获得报酬。著作权人可以全部或者部分转让本条第一款第（五）项至第（十七）项规定的权利，并依照约定或者本法有关规定获得报酬。

《最高人民法院关于审理侵害信息网络传播权民事纠纷案件适用法律若干问题的规定》

第三条

网络用户、网络服务提供者未经许可，通过信息网络提供权利人享有信息网络传播权的作品、表演、录音录像制品，除法律、行政法规另有规定外，人民法院应当认定其构成侵害信息网络传播权行为。通过上传到网络服务器、设置共享文件或者利用文件分享软件等方式，将作品、表演、录音录像制品置于信息网络中，使公众能够在个人选定的时间和地点以下载、浏览或者其他方式获得的，人民法院应当认定其实施了前款规定的提供行为。

第四条

有证据证明网络服务提供者与他人以分工合作等方式共同提供作品、表演、录音录像制品，构成共同侵权行为的，人民法院应当判令其承担连带责任。网络服务提供者能够证明其仅提供自动接入、自动传输、信息存储空间、搜索、链接、文件分享技术等网络服务，主张其不构成共同侵权行为的，人民法院应予支持。

《北京市高级人民法院审理涉及网络环境下著作权纠纷案件若干问题的指导意见（一）（试行）》

（一）信息网络传播行为的判断及法律调整

……

2. 信息网络传播行为是指将作品、表演、录音录像制品上传至或以其他方式将其置于向公众开放的网络服务器中，使公众可以在选定的时间和地点获得作品、表演、录音录像制品的行为。

将作品、表演、录音录像制品上传至或以其他方式置于向公众开放的

网络服务器中，使作品、表演、录音录像制品处于公众可以在选定的时间和地点下载、浏览或以其他方式在线获得，即构成信息网络传播行为，无需当事人举证证明实际进行过下载、浏览或以其他方式在线获得的事实。

3.网络服务提供者为服务对象提供自动接入、自动传输、信息存储空间、搜索、链接、P2P（点对点）等服务的，属于为服务对象传播的信息在网络上传播提供技术、设施支持的帮助行为，不构成直接的信息网络传播行为。

4.网络服务提供者的行为是否构成信息网络传播行为，通常应以传播的作品、表演、录音录像制品是否由网络服务提供者上传或以其它方式置于向公众开放的网络服务器上为标准。

同人问题的法律分析

"一周更新两集……这看得也太不过瘾了，我好想快点知道结局"，黄语谙关上视频，意犹未尽。"听说这部剧改编自同名小说，如果想一饱眼福，不妨……"叶昀揉揉黄语谙的头发，宠溺地说。"不愧是我男朋友，你简直太聪明了！"黄语谙一向是个行动派，立马打开百度搜索起来，趁热打铁看两夫妻斗智斗勇、相爱相杀。

"这结局也太让人恼火了吧，女主竟然手下留情，没有虐死男主，男主还和小三过上了没羞没臊的幸福生活，简直侮辱核心价值观"，黄语谙愤愤地想。一打开贴吧讨论区，果然有这种想法的不只她一个人，大家都觉得结局烂尾，没有把渣男锉骨扬灰，显然并不过瘾。相关的发言帖非常的多，甚至还有人专门"盖楼"，另选故事线，编撰男女主人公的新故事，当然在新故事里，男主死无葬身之地，大大地出了一口恶气，满足了万千少女对于爱情婚姻纯洁性的遐想。

需要思考的是：论坛中，粉丝以原故事男女为核心，编撰与原故事完全不同的情节，是否合法？如果正式出版，是不是会有侵犯原作者知识产权的风险？

情景说法

这涉及"同人作品"的合法性问题，需要厘清著作权侵权和合理使用的界限，以及与反不正当竞争的关系。

同人作品又称"粉丝作品"，被广泛指代同好者利用特定文学、动漫、电影、游戏作品中人物进行再创作，所创造的与原作情节全然不同的文学或美术作品。具体而言，其包含原创同人和二次创作同人，容易产生法律纠纷的是二次创作同人作品，也是本文所探讨的对象。

一般而言，同人创作作品往往出自粉丝对原作的喜爱，是基于共同的兴趣爱好予以在社群中交流、分享，以弥补对原作的缺憾或者达成精神上的满足。从形式上看，同人创作作品与原作使用了相同的人物角色，可能有侵犯原作著作权的嫌疑。毕竟，对于作品角色能否获得著作权的保护也一直存在理论上的争议，如果借鉴了足够数量的具体而充分的表达，有可能涉及原著作权人的改编权、保护作品完整权，等等。但如果只是在粉丝之间小范围的传阅，未作商业化使用的目的，并没有实质触动著作权人的利益的话，也存在著作权合理使用的解释空间，基于同人作品对原作品的创造性的使用，有部分意见即主张借鉴美国合理使用中的"转换性使用"予以豁免。因此，虽然关于"同人作品"合法性的理论争论存在已久，但并未完全形成同意确定的意见。

在实践中，身处日新月异的互联网时代，同人作品和原作之间可能存在互惠互利的关系，同人作品的传播可以进一步推动原作的流行，提高其影响力，同时囿于禁止行为操作上的困难，原作者往往很少追究同人作品，行业一般采取默许的态度，这在法律上也被称为"容忍使用"。

但是如果涉及以营利为目的的商业化行为，通过正规出版商出版，则极有可能面临被原作者起诉索赔的风险。在 2018 年，金庸诉"同人小说"《此间的少年》作者江南著作权侵权及不正当竞争纠纷中，江南未经金庸许可，采用其武侠小说的经典人物，在不同的背景下撰写相关故事，法院审理后，虽认为因为江南在不同的时代与空间背景下，围绕人物角色展开撰写全新的故事情节，情节所展开的具体内容和表达的意义并不相同，其所撰写的《此间的少年》并不构成著作权侵权；但却认定其借助金庸作品的影响力吸引读者，与文化产业公认的商业道德相背离，依据《反不正当竞争法》判决赔偿百余万元。

总而言之，如果局限于小范围非商业性的自娱自乐，"同人作品"确实可以达到推陈出新，甚至与原作品之家相互补益、相得益彰、丰富人们精神世界的良好效果，对此，大部分作者也乐见其成，实现"双赢"。但如果正式出版，用于以营利为目的的商业化，则需要承担停止侵权、赔偿损失等责任。

法条索引

《著作权法》

第十条

著作权包括下列人身权和财产权：

（一）发表权，即决定作品是否公之于众的权利；

（二）署名权，即表明作者身份，在作品上署名的权利；

（三）修改权，即修改或者授权他人修改作品的权利；

（四）保护作品完整权，即保护作品不受歪曲、篡改的权利；

《反不正当竞争法》

第二条

经营者在生产经营活动中，应当遵循自愿、平等、公平、诚信的原则，遵守法律和商业道德。本法所称的不正当竞争行为，是指经营者在生产经营活动中，违反本法规定，扰乱市场竞争秩序，损害其他经营者或者消费者的合法权益的行为。本法所称的经营者，是指从事商品生产、经营或者提供服务（以下所称商品包括服务）的自然人、法人和非法人组织。

社交软件盗用照片问题

一转眼，筹措良久的"夏季争霸赛"终于揭开神秘的面纱，叶昀辛苦大半年的成果也得到了回报和检验。他也帮黄语谙拿到了内场门票，两人十分期待比赛。

比赛当天，叶昀终于见到了自己的偶像 LA，他是史上最强中单选手之一，曾带领队伍问鼎国际舞台。这不，刚一亮相，全场掌声雷动，更有迷妹尖叫"LA，我爱你！"叶昀抬眼望向观众席，不出意料，黄语谙也是狂热粉丝之一，除了现场"示爱"不过瘾，还在微博和朋友圈不断更新动态，发现场图并配文。和自己的女朋友"迷恋"上同一个男人，叶昀一时间还真不知道该欣慰，还是吃醋。

战况一度非常凶险，中国战队团结一致、排除万难，终于成功跻身冠亚军角逐赛。对垒的是中国战队和韩国战队，这是最后的修罗场，成王败寇，在此一举。刚开场时，中国战队占了下风，幸得 LA 及时调整战术，通过完美的团队配合，渐渐扭转局势。"我们赢了！"随着比赛结束的画面出现，全场沸腾起来，作为东道主的我们终于在家门口赢得了冠军！

当黄语谙还沉浸在获胜的自豪和感动中，叶昀一路小跑来到观众席，"快来快来，有一份意外的礼物！"两人来到后台，之间等候在此的不是别人，正是 LA！最后三人拍了好几张照片，LA 还在黄语谙的 T 恤上签名留念。

"这会是我人生中最难忘的夏天了。"黄语谙又配图更新了动态。不一会儿，叶昀也在动态下示爱留言。是啊，人生之旅不在乎目的地，在乎的是结伴同行的人，黄语谙和叶昀这一路相互支持，"打怪升级"一起从萌新"小菜鸟"慢慢成长，属于他们的"大时代"更是无限浩瀚辽阔。前路尚有无限惊喜，谁说不是呢？

这边黄语谙和叶昀还在平台上"打情骂俏"，顺着网线的另一头却滋长着"不和谐"的现象：有人看到了黄语谙的照片，将其剪辑入自己的商业宣传广告中；另外，因为黄语谙使用自己的真人照片做头像，非常清纯可爱，甚至有人盗用其照片用于其整容宣传。这种情况是否合法？是否会侵犯黄语谙的知识产权或其他权利吗？

情景说法

这涉及了社交平台照片盗用的法律问题。

随着自媒体时代的到来，各类社交媒体愈发流行，越来越多的人习惯在网络上分享自己的生活，通过照片等展示自己的形象。这在丰富人们的休闲生活的同时，也带来一定的隐患：由于社交平台面向的是陌生人，由此也造成了照片被"盗用"的风险。

按照我国著作权法的规定，如果满足独创性的要求，照片可以作为摄影作品获得知识产权上的保护。而拍摄者作为作者，对这一照片享有著作权，可以授权或禁止他人对其的使用；如果未经其许可，可能造成侵权。本文中，黄语谙的照片被机构剪辑入自己的商业宣传广告中，应当提前获得其本人的授权许可，未经同意擅自使用属于著作权侵权的情形，应当承担相应的知识产权侵权责任。

至于黄语谙的真人照片头像被"盗用"用作整形宣传，在知识产权侵权风险之外，更为重要的是人格权问题。根据我国《民法典》等法律的规定，我国公民享有肖像权、名誉权、隐私权、姓名权等人格权，未经本人同意，不得以营利为目的使用公民的肖像，不得以侮辱、诽谤等方式损害公民的名誉……被侵权人有权视具体受损情况向法院起诉，要求侵权人承担停止侵害，恢复名誉，消除影响，赔礼道歉等侵权责任，并可以要求其赔偿一定的经济损失。

黄语谙的真人照片头像被"盗用"用作整形宣传，属于未经本人同意，以营利为目的使用公民的肖像的行为，侵犯了她本人所享有的肖像权。如若关于"整形"的不实消息对她本人的声誉造成了较大负面影响，也可能涉及对其名誉权的侵犯；即便消息属实，因为这一内容涉及个人隐私，也可能侵权其隐私权，可以考虑拿起法律的武器维护自身的合法权益，如果造成了较大的精神上的痛苦，还可以要求精神损害赔偿。当然，机构所作的不实宣传，属于虚假宣传的范畴，也有为诚信经营的要求，侵害了消费者的合法权益。

而如果是个人希望在社交平台上转载他人的原创照片，一般来说法律风险较小；但保险起见，最好和本人提前进行沟通，获得授权并注明出处，防止日后发生纠纷。同时，也应当尊重本人的人格权，不能假冒本人，否则也将侵犯他人的姓名权等权利；如果制作相应"高仿号"进行网络诈骗，更将属于违法犯罪行为，将依法承担法律责任。对此，社交平台也应当加强监管，通过开通申诉渠道等措施，加强对照片"盗用"的打击力度，营造健康良好的网络环境。

《著作权法》

第三条

本法所称的作品,包括以下列形式创作的文学、艺术和自然科学、社会科学、工程技术等作品:

……

(五)摄影作品;

……

《民法典》

第九百九十条

人格权是民事主体享有的生命权、身体权、健康权、姓名权、名称权、肖像权、名誉权、荣誉权、隐私权等权利。

除前款规定的人格权外,自然人享有基于人身自由、人格尊严产生的其他人格权益。

第九百九十五条

人格权受到侵害的,受害人有权依照本法和其他法律的规定请求行为人承担民事责任。受害人的停止侵害、排除妨碍、消除危险、消除影响、恢复名誉、赔礼道歉请求权,不适用诉讼时效的规定。

第一千零一十二条

自然人享有姓名权,有权依法决定、使用、变更或者许可他人使用自己的姓名,但是不得违背公序良俗。

第一千零一十三条

法人、非法人组织享有名称权,有权依法决定、使用、变更、转让或者许可他人使用自己的名称。

第一千零一十八条

自然人享有肖像权，有权依法制作、使用、公开或者许可他人使用自己的肖像。

肖像是通过影像、雕塑、绘画等方式在一定载体上所反映的特定自然人可以被识别的外部形象。

第一千零一十九条

任何组织或者个人不得以丑化、污损，或者利用信息技术手段伪造等方式侵害他人的肖像权。未经肖像权人同意，不得制作、使用、公开肖像权人的肖像，但是法律另有规定的除外。

未经肖像权人同意，肖像作品权利人不得以发表、复制、发行、出租、展览等方式使用或者公开肖像权人的肖像。

第一千零二十四条

民事主体享有名誉权。任何组织或者个人不得以侮辱、诽谤等方式侵害他人的名誉权。

名誉是对民事主体的品德、声望、才能、信用等的社会评价。

第一千一百六十五条

行为人因过错侵害他人民事权益造成损害的，应当承担侵权责任。

依照法律规定推定行为人有过错，其不能证明自己没有过错的，应当承担侵权责任。

著作权法

　　李昂（Leon）来自瑞士，28岁，毕业于苏黎世大学文哲学院，有着细腻的生活洞察能力和文字表达能力，目前他已经出版多部畅销书，其中一本小说《逃亡吧，少年》被改编成同名电影，在全球范围内上映；其亲自作词的主题曲 Just Run Away（《奔跑吧》）更是受到年轻人的追捧，蝉联主流音乐榜单前三甲长达数月。

　　2016年，李昂准备前往中国拓展市场，并与四川纪梵出版社商讨授权出版事宜，同时也想实地考察筑梦影视制作公司，以决定是否授权其将小说改编为同名电视剧。在飞机上，他认识了来自印度的计算机程序员冉胡（Rahul），后者毕业于麻省理工学院，是计算机程序领域的"天才"。冉胡惊叹于中国网购行业的发达，应聘进入狐狸叭叭技术部，为广大中国女性的"买买买"事业作贡献；李昂则在洽谈间歇四处游玩，迷恋上摄影的他，用相机记录下沿途的美丽风景和人物群像，并有感而发写了一本游记。另外，李昂和冉胡受到了中国修仙网文的影响，开始一起尝试着写这一类型的小说，两人化名"剑三少爷"在起点中文网连载小说，收获不少点击率。

虽然中国之行总体上非常愉快，但令李昂感到十分气愤的是，自己并未授权的小说已经网络上大量流传，其作词的歌曲 Just Run Away 也经由盗版碟传唱于街头巷尾，在起点中文网连载的小说更是被同行实施彻头彻尾的"拿来主义"，于是其开始了曲折的维权之路。这边李昂为了侵权纠纷忙得焦头烂额，那边冉胡也没好到哪里去：他在业余时间开发的一款软件在权属上发生纠纷，因为已经有公司提出高价购买这一软件，他急需明确该计算机软件的产权。

幸好，平淡的生活总是不缺一抹亮色，美丽而灵动的中国姑娘装点了他们一波三折的来华生活。文静秀气的陈静是"90 后"新锐画家，擅长油画和水彩，平时也喜欢涂涂画画一些四格漫画，发表在个人微博上，有 20 万＋的粉丝，算是一个小有名气"网红"。活泼开朗的顾梦则是一个叽叽喳喳的小女生，毕业于上海戏剧学院，梦想着有一天可以成为电视剧里的女主角，目前在一些电视剧里面跑跑龙套、打打酱油，同时在"斗鱼"上兼职担任女主播，凭借着甜美笑容荣升为不少宅男心目中的女神。两男两女之间发生了不少啼笑皆非的故事。

著作权的保护对象

　　李昂从小就对中国文化有着浓厚对兴趣，为此，他专门花了三年时间学习了中文，基本可以实现日常交流零障碍，平时阅读的关于中文的书籍也让他成为了朋友间小有名气的"中国通"。目前，他刚好收到了中国四川纪梵出版社抛出的"橄榄枝"——诚邀其前往洽谈畅销小说《逃亡吧，少年》在中国的**独家发行**事宜，他也满心欢喜地接受了这个邀约。

　　想到即将展开的中国之旅，李昂兴奋不已，一番辗转反侧后，李昂终于缓缓地进入梦乡：梦里有中国一马平川的平原湖泊，也有曲折婉转的园林勾栏，还有可爱的圆滚滚的大熊猫。怀揣着希望与憧憬，这一觉李昂睡得格外香甜。

精彩的故事即将开始，为了更好地理解**著作权**的内容，我们需要思考几个问题：著作权是什么？什么样的对象可以获得著作权法的保护？李昂的哪些作品属于可以被著作权法保护的对象？

情景说法

这涉及著作权的概念以及保护的对象（法律术语称为"客体"）。

著作权是法律赋予作者因创作文学、艺术和科学作品而享有的专有权利，是**知识产权**的一种。因为智力成果和知识产品是一种无形财产或者一种没有形体的精神财富，它与房屋、汽车等有形财产一样，都是创造性的劳动所创造的劳动成果，所以都具有价值和使用价值，都应当受到国家法律的保护。

著作权保护的对象是作品，是指文学、艺术和科学领域内具有独创性并能以某种有形形式复制的智力成果。由此可见，构成受著作权保护的作品应当满足以下三个条件（也称实质条件）：第一，作品是思想、情感的表现形式，而不是思想、情感本身。比如，在欣赏了一部凄美动人的爱情电影之后，欣赏者感慨万千，心中涌动起无限的情愫，文思泉涌，但只有当他受到这种情感的导引，头脑中无形的思想用文字的形式表现出来，写成观后感的形式，使它可以以有形的方式被复制后，这种作品才可能受到法律的保护；第二，作品应当具有独创性；第三，该表现形式属于文学、艺术和科学范畴。

具体的著作权保护的对象包括：（1）文字作品；（2）口述作品；（3）音乐、戏剧、曲艺、舞蹈、杂技艺术作品；（4）美术、建筑作品；（5）摄影作品；（6）电影作品和以类似摄制电影的方法创作的作品；（7）工程设计图、产品设计图、地图、示意图等图形作品和模型作品；（8）计算机软件；及（9）法律、行政法规规定的其他作品。

不受保护对象可以分为两种类型：第一，因为不具备作品实质条件，所以不受著作权保护，主要有历法、通用数表、通用表格和公式，等等；第二，为保护国家或社会公众利益的需要，需要广泛传播，不适宜以《著作权法》保护的，包括（1）法律、法规，国家机关的决议、决定、命令和其他具有立法、行政、司法性质的文件，及其官方正式译文；（2）时事新闻，指通过报纸、期刊、广播电台、电视台等媒体报道单纯事实消息，不包括具有创造性的解说、富有个人色彩的评论。

本文中，李昂写的小说属于文学作品，具有独创性，满足获得著作权的条件，属于著作权保护的对象。他作词的歌曲 Just Run Away 属于音乐作品，也是著作权保护的对象之一。

法条索引 ▶

《著作权法》

第三条

本法所称的作品，包括以下列形式创作的文学、艺术和自然科学、社会科学、工程技术等作品：

（一）文字作品；

（二）口述作品；

（三）音乐、戏剧、曲艺、舞蹈、杂技艺术作品；

（四）美术、建筑作品；

（五）摄影作品；

（六）电影作品和以类似摄制电影的方法创作的作品；

（七）工程设计图、产品设计图、地图、示意图等图形作品和模型作品；

（八）计算机软件；

（九）法律、行政法规规定的其他作品。

……

第五条

本法不适用于：

（一）法律、法规，国家机关的决议、决定、命令和其他具有立法、行政、司法性质的文件，及其官方正式译文；

（二）时事新闻；

（三）历法、通用数表、通用表格和公式。

《著作权法实施条例》

第二条

著作权法所称作品，是指文学、艺术和科学领域内具有独创性并能以某种有形形式复制的智力成果。

第四条

著作权法和本条例中下列作品的含义：

（一）文字作品，是指小说、诗词、散文、论文等以文字形式表现的作品；

（二）口述作品，是指即兴的演说、授课、法庭辩论等以口头语言形式表现的作品；

（三）音乐作品，是指歌曲、交响乐等能够演唱或者演奏的带词或者不带词的作品；

（四）戏剧作品，是指话剧、歌剧、地方戏等供舞台演出的作品；

（五）曲艺作品，是指相声、快书、大鼓、评书等以说唱为主要形式表演的作品；

（六）舞蹈作品，是指通过连续的动作、姿势、表情等表现思想情感的作品；

（七）杂技艺术作品，是指杂技、魔术、马戏等通过形体动作和技巧表现的作品；

（八）美术作品，是指绘画、书法、雕塑等以线条、色彩或者其他方式构成的有审美意义的平面或者立体的造型艺术作品；

（九）建筑作品，是指以建筑物或者构筑物形式表现的有审美意义的作品；

（十）摄影作品，是指借助器械在感光材料或者其他介质上记录客观物体形象的艺术作品；

（十一）电影作品和以类似摄制电影的方法创作的作品，是指摄制在一定介质上，由一系列有伴音或者无伴音的画面组成，并且借助适当装置放映或者以其他方式传播的作品；

（十二）图形作品，是指为施工、生产绘制的工程设计图、产品设计图，以及反映地理现象、说明事物原理或者结构的地图、示意图等作品；

（十三）模型作品，是指为展示、试验或者观测等用途，根据物体的形状和结构，按照一定比例制成的立体作品。

音乐作品

公众场合不可随意播放

著作权的保护期限

在去中国的飞机上，李昂遇到了冉胡，为了打发无聊的旅途时间，两人开始闲聊起来。他们很快就找到了共同的兴趣，一路相谈甚欢。

下飞机后，二人相约喝咖啡。两人选择了星爸爸咖啡店，冉胡在座位上坐定，啜了一口美式咖啡，一副心满意足的样子，"哦，对了，还有店里放的这首歌——Just Run Away，刚推出来的时候我可是每天单曲循环，上班、下班都在听，没想到大洋彼岸的中国人民也喜欢这调！"

李昂看到冉胡如此喜欢这首歌，又正式做了一下自我介绍，冉胡对他越发感兴趣了。李昂说，这首歌曲在中国并未有正式的代理商，这家咖啡店难道还是找"代购"买的这首歌？是不是说咖啡店只要购买了包含该歌曲的正版光碟，就可以在公开场合播放，供顾客欣赏呢？如果不是的话，为什么？那应该如何操作，咖啡店才能既达到播放音乐的目的，又不侵犯著作权人的权利呢？

情景说法

这涉及著作权的权能、保护期和它作为知识产权的性质。

著作权可以分为人身权和财产权利。人身权是指著作权人享有的基于人格利益为内容的权利，一般不能继承和转让，包括了发表权、署名权、修改权和保护作品完整权。其中，保护作品完整权，是指著作权的作品不能被恶意歪曲篡改。著作财产权包括了复制权、发行权、出租权、展览权、表演权，等等。这里的故事主要涉及的是财产权利。

通常来说，经营者将音乐作品作为店面、大堂、商场的背景音乐播放主要涉及的就是著作财产权中的表演权。表演权指著作权人自己或者授权他人公开表演作品，以及用各种手段公开播送作品的权利。特点在于必须以公开的方式进行，面向不特定的多数人。表演包括现场表演和机械表演两种。前者是指表演者运用演技，向现场观众表现作品的行为，如演奏乐曲、上演剧本、朗诵诗歌等；后者是借助一些技术设备，如光盘、唱片等，向公众传播已录制的音乐、电影作品。中国规定的著作权人的表演权包括上述这两种形式，但凡表演者需要表演作品的，应当提前获得著作权人的许可，并且向他支付一定的报酬。本文中，咖啡店公开播放李昂的 Just Run Away 就属于后一种机械表演的范畴。

至于著作权的保护期，顾名思义，是指在法律规定的一定期限范围内著作权人对于作品可以享有排他性的权利，法律规定主要涉及财产权利。一旦超出这一期限，则进入公共领域的范围，可以由他人自由使用。在中国，著作权人的发表权和绝大部分的财产权利的保护期都是作者终生加上死亡后五十年，时间节点是第五十年的 12 月 31 日；如果是合作作品，截止于最后死亡的作者死亡后第五十年的 12 月 31 日（表演权保护期也为此）。

本故事中，咖啡店将李昂的 Just Run Away 作为背景音乐播放，属于对于其音乐作品的机械表演。而且，显然李昂尚在人世，他所创作的这首歌的著作权仍在保护期范围内，所以必须事先获得音乐作品著作权人的授权，并支付报酬。

对此，可能有人会说，星爸爸买的是正版光碟，为什么公开播放仍然构成侵权？按照一般购买物品的逻辑，我买了一件东西，自然可以使用它，为什么"著作权"不可以呢？

这需要对著作权作为知识产权的性质进行界定。因为著作权作为知识产权，具有无形性，消费者购买了正版的光碟，拥有了该光碟的所有权，但并不代表他就相应获得了该光碟这一物质载体上所承载的著作权的所有权能。就如同读者购买一本书，支付的金钱使他获得了书本这一物质载体，但并不能获得这一文学作品本身。光碟的消费者可将该音乐作品用于个人欣赏使用，但不能触犯该作品的其他著作权权能，如果想要行使表演权，必须取得著作权人的许可，并支付报酬。

所以，类似星爸爸的咖啡厅、餐厅等公众场所，播放背景音乐应当满足以下条件：所使用的音乐都是正版的，且已向中国音乐著作权协会缴纳过公共场所背景音乐版权费。如果没有条件的话，也可以播放一些著作权保护期限已过的"经典老歌"，毕竟这一部分已经进入公共领域，可以自由使用了。

法条索引▶

《著作权法》

第九条

著作权人包括：

（一）作者；

（二）其他依照本法享有著作权的公民、法人或者非法人单位。

第十条

著作权包括下列人身权和财产权：

（一）发表权，即决定作品是否公之于众的权利；

（二）署名权，即表明作者身份，在作品上署名的权利；

（三）修改权，即修改或者授权他人修改作品的权利；

（四）保护作品完整权，即保护作品不受歪曲、篡改的权利；

（五）使用权和获得报酬权，即以复制、表演、播放、展览、发行、摄制电影、电视、录像或者改编、翻译、注释、编辑等方式使用作品的权利；以及许可他人以上述方式使用作品，并由此获得报酬的权利。

第二十一条

公民的作品，其发表权、本法第十条第一款第（五）项至第（十七）项规定的权利的保护期为作者终生及其死亡后五十年，截止于作者死亡后第五十年的 12 月 31 日；如果是合作作品，截止于最后死亡的作者死亡后第五十年的 12 月 31 日。

法人或者其他组织的作品、著作权（署名权除外）由法人或者其他组织享有的职务作品，其发表权、本法第十条第一款第（五）项至第（十七）项规定的权利的保护期为五十年，截止于作品首次发表后第五十年的 12 月 31 日，但作品自创作完成后五十年内未发表的，本法不再保护。

电影作品和以类似摄制电影的方法创作的作品、摄影作品，其发表权、本法第十条第一款第（五）项至第（十七）项规定的权利的保护期为五十年，截止于作品首次发表后第五十年的 12 月 31 日，但作品自创作完成后五十年内未发表的，本法不再保护。

第二十二条

在下列情况下使用作品，可以不经著作权人许可，不向其支付报酬，但应当指明作者姓名、作品名称，并且不得侵犯著作权人依照本法享有的其他权利：

（一）为个人学习、研究或者欣赏，使用他人已经发表的作品；

（二）为介绍、评论某一作品或者说明某一问题，在作品中适当引用他人已经发表的作品；

（三）为报道时事新闻，在报纸、期刊、广播、电视节目或者新闻纪录影片中引用已经发表的作品；

（四）报纸、期刊、广播电台、电视台刊登或者播放其他报纸、期刊、广播电台、电视台已经发表的社论、评论员文章；

（五）报纸、期刊、广播电台、电视台刊登或者播放在公众集会上发表的讲话，但作者声明不许刊登、播放的除外；

（六）为学校课堂教学或者科学研究，翻译或者少量复制已经发表的作品，供教学或者科研人员使用，但不得出版发行；

（七）国家机关为执行公务使用已经发表的作品；

（八）图书馆、档案馆、纪念馆、博物馆、美术馆等为陈列或者保存版本的需要，复制本馆收藏的作品；

（九）免费表演已经发表的作品；

（十）对设置或者陈列在室外公共场所的艺术作品进行临摹、绘画、摄影、录像；

（十一）将已经发表的汉族文字作品翻译成少数民族文字在国内出版发行；

（十二）将已经发表的作品改成盲文出版。

以上规定适用于对出版者、表演者、录音录像制作者、广播电台、电视台的权利的限制。

第三十七条

录音制作者使用他人未发表的作品制作录音制品，应当取得著作权人的许可，并支付报酬。使用他人已发表的作品制作录音制品，可以不经著作权人许可，但应当按照规定支付报酬；著作权人声明不许使用的不得使用。

录像制作者使用他人作品制作录像制品，应当取得著作权人的许可，并支付报酬。

录音录像制作者使用改编、翻译、注释、整理已有作品而产生的作品，应当向改编、翻译、注释、整理作品的著作权人和原作品的著作权人支付报酬。

小说在瑞典创作，瑞典发行，在中国也受保护吗？

著作权的地域性

咖啡店一别，二人分道扬镳，奔向了各自的目的地。李昂来到了纪梵出版社，程经理已经早早在门口等候。一番寒暄过后，两人便坐下，准备仔细商讨小说出版授权的具体细节，程经理提到希望获得李昂小说在中国的独家授权。程经理感慨道："现在时代不一样了，以前未经授权就出版别人作品的中文版，被斥之为'盗版贩子'。自从加入国际性的版权公约之后，我们就按照国际通行的规则来办事，坚决保护正当的知识产权，做著作权的保镖。"

之后，两人还就授权的具体事项进行了商谈，谈到授权期限的时候，李昂很是诧异：因为欧洲的版权签约一般都是终身制，甚至可以延续到作者去世后的 70 年，也就是说只要作品的保护期限尚存，该授权出版商都可以进行出版；而中国不但在作品保护期限上不同，其出版合同授权期限也要短得多，一般为 3 到 5 年，甚至很少有 10 年的，授权的范围也狭窄得多。

现在问题来了，《逃亡吧，少年》这本小说是李昂在瑞士国内创作的，并首次在瑞士出版发行，如何在中国境内受到保护呢？

情景说法

这涉及著作权的取得、主体资格和外国人、无国籍人取得中国著作权的条件的问题。

关于著作权的取得方式，一般分为两种：自动取得和登记取得。前者是指著作权自作品创作完成之日起产生，而无须履行审查、登记等任何手续，为《保护文学作品伯尔尼公约》和《世界版权公约》所采。目前，大多数国家都实行这一原则。后者则规定须履行登记手续才能获得著作权。

在中国，按照著作权法规定，著作权采自动取得的方式，即：不需要登记，也不需要发表，只要具备了作品的属性即可自动受著作权保护。从 1995 年开始，我国著作权主管机关也办理著作权登记，但它是自愿而非强制的，不影响著作权的获得，只是对著作权的一种确认，在后续遇到纠纷时可以作为证据。

在中国，著作权不需要履行任何手续即可自动取得，并不意味着获得著作权不需要具备任何条件，而是法律针对主体资格的不同作出了相应的规定：内国主体和外国主体，前者包括中国公民、法人和其他组织；后者包括外国人和无国籍人。外国人和无国籍人的作品根据其作者所属国或者经常居住地国同中国签订的协议或者共同参加的国际条约享有的著作权，受中国法律的保护。如果外国人、无国籍人的作品首先在中国境内出版，也可以在中国享有著作权。

对于没有与中国签订协议或者参加国际条约的国家的作者以及无国籍人，如果他的作品是在与中国参加同一国际条约的国家首次出版，或者在首次出版后三十天内在国际条约成员国也出版的，都是可以得到中国的著作权法保护的。

本故事中的李昂是瑞士公民，瑞士和中国都是《保护文学作品伯尔尼公约》的成员国，该公约第3条第1款规定了：联盟内任一成员国公民的作品，不论是否发表都应当受到保护。虽然李昂的这本小说是在瑞士创作并出版的，他本人也是瑞士的公民，但根据《保护文学作品伯尔尼公约》和我国《著作权法》，其所享有的著作权受中国法律的保护。

法条索引 ▶

《著作权法》

第一条

为保护文学、艺术和科学作品作者的著作权，以及与著作权有关的权益，鼓励有益于社会主义精神文明、物质文明建设的作品的创作和传播，促进社会主义文化和科学事业的发展与繁荣，根据宪法制定本法。

第二条

中国公民、法人或者其他组织的作品，不论是否发表，依照本法享有著作权。

外国人、无国籍人的作品根据其作者所属国或者经常居住地国同中国签订的协议或者共同参加的国际条约享有的著作权，受本法保护。

外国人、无国籍人的作品首先在中国境内出版的，依照本法享有著作权。

未与中国签订协议或者共同参加国际条约的国家的作者以及无国籍人的作品首次在中国参加的国际条约的成员国出版的，或者在成员国和非成员国同时出版的，受本法保护。

著作权的归属

"李昂，你看过中国的修仙小说吗？被中国新同事推荐的，入了坑之后我简直是停不下来，我的文学之梦又开始蠢蠢欲动了！"电话那头的冉胡兴致勃勃。

"这么巧，我最近也刚好对修仙小说有兴趣，准备动笔呢！但是因为最近也接受了旅行杂志的委托，要写在中国的游记，每天的时间也很有限，要不这样吧，你和我一起写，我们还可以在起点中文网上注册一个账号，定期更新发布出去，说不定还能赚到些机票钱。"李昂提议道。

"那就一言为定！"终于可以把自己脑海里的中二少年梦付诸实践了，冉胡心里可是乐开了花。

"为了保证小说的热度和点击率，我们最好每周都更新。我们每人一周，轮流来吧。"李昂单手托腮，仔细地考虑起具体的创作分工。

两人谈妥后，就开始一起构思故事背景、人物和脉络情节，也许真的是志趣相投，两人的意见一拍即合，并没费多少工夫。因为刚看了一部中国武侠电影《三少爷的剑》，两人决定化名"剑三少爷"，非常有中国特色，正好可以用来掩饰自己的国外身份，还自有一份翩翩公子的潇洒和豪情。

那么，李昂和冉胡共同写的小说的著作权归谁所有呢？这种情况下的作品著作权又该如何行使？李昂接受杂志社委托所写游记的著作权又应该归谁呢？

情景说法

这涉及作品著作权的归属和作者的判断问题，前者又具体包括合作作品的归属和委托作品的归属。

原则上，著作权归属于作者，在特殊情况下由法律条文以明确规定的形式，根据实际情形做出不同安排。创作作品的公民是作者。由法人或者其他组织主持、代表法人或者其他组织意志创作，并由法人或者其他组织承担责任的作品，法人或者其他组织视为作者。如无相反证明，在作品上署名的公民、法人或者其他组织为作者；两人以上合作创作的作品，著作权由**合作作者共同享有**。没有参加创作的人，不能成为合作作者。合作作品可以分割使用的，作者对各自创作的部分可以单独享有著作权，但行使著作权时不得侵犯合作作品整体的著作权。法律还规定：受委托创作的作品，著作权的归属由委托人和受托人通过合同约定。合同未作明确约定或者没有订立合同的，著作权属于受托人。

在本故事中，李昂和冉胡共同合作撰写小说，两人共同构思和确定编写提纲、分工写作、统一定稿，都参与作品的创作，都是作者，所以该小说的著作权由两人共同享有。至于该著作权的行使上，可以分割使用的，对各自创作的部分可以在不侵犯整体著作权的前提下单独使用，比如说一首歌的作曲者可以授权其他人对曲调进行改编使用，重新填词；一首歌的词作者可以授权某图书出版社收录该歌词并且出版。不可以分割使用的，其著作权由各合作作者共同享有，通过协商一致行使，比如说两人共同分工完成的油画；两个人共同构思编写的计算机软件。不能分割使用的作品，各个作者之间如果不能协商一致，又无正当理由的，任何一方不得阻止他方行使除转让以外的其他权利，但是所得收益应当合理分配给所有合作作者。

李昂接受杂志社委托创作的游记，属于委托作品。根据法律规定，受委托创作的作品著作权归属先看双方的合同约定。如果合同没有明确约定或者没有订立合同的，著作权属于受托人。李昂和杂志社签订的合同上规定了著作权属于李昂，所以应当尊重双方当事人的意思，由李昂享有该著作权。

法条索引

《著作权法》

第十一条

著作权属于作者，本法另有规定的除外。

创作作品的公民是作者。

由法人或者其他组织主持，代表法人或者其他组织意志创作，并由法人或者其他组织承担责任的作品，法人或者其他组织视为作者。

如无相反证明，在作品上署名的公民、法人或者其他组织为作者。

第十三条

两人以上合作创作的作品，著作权由合作作者共同享有。没有参加创作的人，不能成为合作作者。

合作作品可以分割使用的，作者对各自创作的部分可以单独享有著作权，但行使著作权时不得侵犯合作作品整体的著作权。

故事五 照片的著作权归谁？

著作权与肖像权

　　李昂开始了他的中国行，每天到处走走停停，拍拍照片，写写游记，乐此不疲。第一站是向往已久的人间净土——西藏。晚饭过后，就着民宿里昏黄的灯光，他开始仔细地翻看今天拍摄的人物和风景照，有一张拍一个不知名的藏族小朋友在跪地朝拜的照片他尤其满意，这张照片简直是完美地刻画了他的坚定信仰和纯净的灵魂。这个孩子盈盈的眼睛像是擎着一泓清亮的泉水，如小鹿一般，让人忍不住醉在里面。他把这些照片悉心地筛选、调色，给旅游杂志社负责与他接洽的小李发过去，换来了啧啧的称赞，说是下周就可以配合文字版的游记一起刊登在杂志的专栏上了。

但是李昂重新看了一遍照片后，却决定把这张藏民小朋友照片给收起来，不发表了。因为在他看来，这个小朋友也是人，有自己的意愿，在拍照的时候，自己并没有征求他的意见，更何况发表在杂志上呢。而小李则主张，没关系，那个小朋友是不知道照片会发表的。

此处的问题是：李昂拍摄的照片，是否就意味着他享有该照片的著作权？如果他拥有该照片的著作权，是不是就意味着他可以自由决定发表该照片？为什么？

情景说法

这涉及摄影作品的著作权归属、著作权行使和著作权与其他权利的冲突问题。

摄影作品按照一般的作品权属规定，应当属于作者，即摄影者。但是，即便摄影者拥有照片的著作权，他对该著作权的行使也并非没有限制，而是应当遵守法律的规定。

在人像摄影中，便可能存在著作权和肖像权的冲突。肖像权指公民通过造型艺术或其他形式在客观上再现自己形象所享有的专有权，公民肖像权主要包括：形象再现权、肖像使用权。人像摄影作品中，被拍摄的人就享有肖像权。我国民法规定，公民享有肖像权，未经本人同意，不得以营利为目的使用公民肖像。最高人民法院的司法解释进一步指出：以营利为目的，未经公民同意利用其肖像做广告、商标、装饰橱窗等，应当认定为侵犯公民肖像权的行为。营利是现代社会中商人的经营目标，用别人的肖像为自己的产品做广告，可以提升自己产品的销量；比如影楼把别人的照片悬挂在橱窗上招徕生意就可以判断是以营利为目的，刊登别人的照片提升杂志的销量同样也是以营利为目的。所以，如果未经本人同意，以营利为目的而使用公民肖像，行为人应承担侵犯公民的肖像权的民事责任。

本故事中，李昂拍摄了该组照片，当然可以享有该摄影作品的著作权，但他对于这一权利的行使并不是没有限制的，而应当遵守法律，尊重其他人的正当权利。将他人的照片刊登在杂志上，是一种以营利为目的使用其肖像权的形式。所以，如果李昂没有得到被拍摄者对于肖像使用权的同意，便将该摄影作品发表在杂志上，将侵犯他人的肖像权，存在法律风险。当然，即便该作品侵权了（侵权作品），并不影响其著作权的获得和保护。

法条索引

《民法典》

第一千零一十八条

自然人享有肖像权，有权依法制作、使用、公开或者许可他人使用自己的肖像。

肖像是通过影像、雕塑、绘画等方式在一定载体上所反映的特定自然人可以被识别的外部形象。

第一千零一十九条

任何组织或者个人不得以丑化、污损，或者利用信息技术手段伪造等方式侵害他人的肖像权。未经肖像权人同意，不得制作、使用、公开肖像权人的肖像，但是法律另有规定的除外。

未经肖像权人同意，肖像作品权利人不得以发表、复制、发行、出租、展览等方式使用或者公开肖像权人的肖像。

直播作品

　　已经有大半年没见的冉胡和李昂今日打算一起共赏西湖美景，不过刚好碰到早高峰，冉胡下车后急急忙忙奔向西湖边，一不小心撞到了身边正吃冰淇淋的一位姑娘，让她一下子变成了小花猫，冉胡连忙道歉。趁着那姑娘去洗手间洗脸，顺带补妆的工夫，李昂也跟冉胡会合了。等姑娘出来以后，冉胡又接着向姑娘道歉，并提出要赔偿她被弄脏的衣服，女孩子甜甜地笑道："不用啦，我们不打不相识，就当交个朋友吧！很高兴认识你，我叫顾梦。"

　　活泼开朗的顾梦在做自媒体，是一家直播平台的签约主播，日常直播中，除了和观众互动聊天外，她还会翻唱热门歌曲，也会模仿经典的人物形象，并自弹自唱自己的原创歌曲。而且，她的网游操作可以说是非常娴熟，算是游戏界的"战斗姬"，日常直播"吃鸡"、英雄联盟，被粉丝们赞为颜值和才华齐飞的美少女。

而顾梦最近也遇到了一些小麻烦，在直播过程中有人说她翻唱的一首《上山》侵犯了著作权，现在她可能面临着法律诉讼。

现在的问题是：顾梦的直播可能会涉及哪些著作权问题？应当如何避免产生著作权法律风险？她本人又有哪些著作权法上的权利？

情景说法

这涉及著作权的权能和表演者的邻接权。

在中国，邻接权包括：表演者权，出版者权、录音录像制作者权和广播组织权。顾名思义，它们分别是以上对应的不同主体在传播作品过程所享有的权利。这里主要涉及的是表演者权。

在网络表演直播中，如果主播翻唱、朗诵、表演他人作品，属于前文中提到的现场表演，受作者享有的表演权所控制，当然需要获得相关的词曲作者、文字作者、戏剧作者著作权人的许可。现实中，许多表演者未经授权就对作品进行表演的情况也屡见不鲜；为了避免违法的风险，应当提前获得权利人许可，以防止有侵权的风险。

至于顾梦本人的表演，则应当按照具体的表演形式和内容进行具体分析。网络直播的作品属性可以大致分为以下三种。

（1）不具有独创性的表演内容。主播的直播内容必须达到一定独创性，表演本身才可能是受著作权保护的作品。如果网络主播的直播内容只是单纯地与粉丝互动聊天、化妆、吃饭等形式，一般难以达到独创性的高度，因此不受到著作权的保护。

（2）表演演绎他人的作品。若主播直播时进行歌曲的翻唱、跳舞等，事实上是对作品进行公开的表演。依据现行的《著作权法》，主播本人产生表演者权。表演者权属于邻接权，是指作品传播者所享有的权利，是一种与著作权密切相关但又相互独立的权利。在我国《著作权法》中，邻接权包括表演者权、录制者权和广播电视组织权。

（3）主播独创性的表达构成作品。如果主播的即兴表演达到独创性的程度，那么这种表演也可以产生著作权。比如主播表演自己创作的音乐、舞蹈作品，表演的内容本身就可以构成完整的作品；或者他在表演的过程中进行了再创作，使得原有的作品有了新的表现形式，成为具有独创性的演绎作品。

根据现行《著作权法》第38条规定：表演者对其表演享有下列权利：（1）表明表演者身份；（2）保护表演形象不受歪曲；（3）许可他人从现场直播和公开传送其现场表演，并获得报酬；（4）许可他人录音录像，并获得报酬；（5）许可他人复制、发行录有其表演的录音录像制品，并获得报酬；（6）许可他人通过信息网络向公众传播其表演，并获得报酬。被许可人以前款第（3）项至第（6）项规定的方式使用作品，还应当取得著作权人许可，并支付报酬。

本文中，顾梦在直播过程中和观众的**聊天互动**，可能因为独创性不够，不属于拥有著作权的作品。她**翻唱**热门歌曲，属于表演演绎他人的作品，可能涉及侵犯他人著作权的情况，应该提前获得许可，并支付报酬，避免法律风险。她本人则可以因为**表演**，获得表演者权，包括法律所列举的一系列权利。她**演唱自己的原创歌曲**，则可以享有完整的著作权，是具有独创性的音乐作品。至于她在线直播**网游操作**，并不构成对游戏作品的侵犯，如果她的解说、与观众互动的弹幕文字、表情以及其他方式的**评论**等元素达到一定的独创性要求，也可能构成作品，享有著作权，实际情况应该放在具体的情境之下加以分析、判断、确定。

《著作权法》

第三十七条

使用他人作品演出，表演者（演员、演出单位）应当取得著作权人许可，并支付报酬。演出组织者组织演出，由该组织者取得著作权人许可，并支付报酬。

使用改编、翻译、注释、整理已有作品而产生的作品进行演出，应当取得改编、翻译、注释、整理作品的著作权人和原作品的著作权人许可，并支付报酬。

第三十八条

表演者对其表演享有下列权利：

（一）表明表演者身份；

（二）保护表演形象不受歪曲；

（三）许可他人从现场直播和公开传送其现场表演，并获得报酬；

（四）许可他人录音录像，并获得报酬；

（五）许可他人复制、发行录有其表演的录音录像制品，并获得报酬；

（六）许可他人通过信息网络向公众传播其表演，并获得报酬。

被许可人以前款第（三）项至第（六）项规定的方式使用作品，还应当取得著作权人许可，并支付报酬。

第三十九条

本法第三十八条第一款第（一）项、第（二）项规定的权利的保护期不受限制。

本法第三十八条第一款第（三）项至第（六）项规定的权利的保护期为五十年，截止于该表演发生后第五十年的 12 月 31 日。

插画被放进教科书里侵犯著作权吗？

合理使用和法定许可

"静静，你觉得冉胡怎么样？"顾梦在跟画家闺蜜陈静探讨着自己的小心思，叽里呱啦地说个不停。

"哎呀，我光顾着说自己了，你最近感情生活有什么新动向？"

"你可别打趣我了，你又不是不知道我最近忙着更新漫画，最近经纪人又给我接了一个活，要给一本书画插画，哪有时间约会啊。"

"那你忙吧，我休息一下，就开直播，我也要好好向你看齐，努力努力再努力！"这样说着，顾梦顺势打开了手机刷微博，却发现陈静之前画的一幅插画被某省的高考试卷当作了作文的材料说明，联想到之前陈静还有一幅画被编写进了某省的初中语文教科书，她佩服不已："陈静可真厉害，你的画要成经典了！"

陈静却一脸迷茫，这是她发表在微博上的原创图片，而对于第三方的使用表示并不知情。因此我们面临的问题是，这种未经同意的第三方的使用行为是否构成侵权？为什么？

情景说法

这涉及著作权的限制，包括：合理使用和法定许可。

著作权的行使不是没有限度的，不但不能侵犯其他的民事权利，而且基于公共利益的需要，还设置了合理使用制度和法定使用制度。

合理使用制度，是指在特定的条件下，法律允许他人自由使用享有著作权的作品，而不必征得权利人的许可，不向其支付报酬的合法行为。这是为了兼顾公平和效率，为了防止著作权人权利的滥用，损害他人的学习、欣赏、创作的自由，妨碍社会科学文化技术的进步。现行的《著作权法》第二十二条规定了著作权合理使用的 12 种情形，其中便包括：国家机关为执行公务在合理范围内使用已经发表的作品。

法定许可制度，是指在一些特定的情形下，对未经他人许可而有偿使用他人享有著作权的作品的行为依法不认定为侵权的法律制度。与合理使用制度类似，它也是对著作权权利的限制。在中国，为了促进教育事业的发展，保护公民所享有的受教育的权利，法律规定：如果是为了实施九年制义务教育和国家教育规划编写出版教科书，可以不经著作权人许可（除作者事先声明不许使用的外），直接在教科书中汇编已经发表的作品片段或者短小的文字作品、音乐作品或者单幅的美术作品、摄影作品。但这种使用也不是没有限制，而是应当按照规定支付报酬，指明作者姓名、作品名称，并且不得侵犯著作权人依照本法享有的其他权利。

著作权的合理使用和法定许可都要满足一定的条件：第一，使用的作品是已经发表的作品；第二，使用必须符合《著作权法》规定的具体情形；第三，使用的过程中不得侵犯著作权人的精神权利，不得影响作品的正常使用。除此之外，在著作权的法定许可中，虽然使用他人享有著作权的作品事先不需要征得著作权人的许可，但是必须向著作权人支付报酬。这是著作权的法定许可与著作权的合理使用最主要的区别。

本故事中，陈静的插画被某省的高考试卷当作了作文的材料说明，考试中心出高考试题的行为并不属于商业行为，而属于执行高考试题出题公务的行为，是在高考试卷的合理范围内使用著作权人作品，可以不经许可，不支付报酬，所以并不构成侵权。至于她的一幅画被编写进了某省的初中语文教科书，则符合法定许可规定具体情形，在陈静没有事先声明不许使用的情况下，可以不经她的许可，直接使用；但应当按照规定支付报酬，指明作者姓名、作品名称，并且不得侵犯著作权人依照本法享有的其他权利。

法条索引

《著作权法》

第二十二条

在下列情况下使用作品，可以不经著作权人许可，不向其支付报酬，但应当指明作者姓名、作品名称，并且不得侵犯著作权人依照本法享有的其他权利：

（一）为个人学习、研究或者欣赏，使用他人已经发表的作品；

（二）为介绍、评论某一作品或者说明某一问题，在作品中适当引用他人已经发表的作品；

（三）为报道时事新闻，在报纸、期刊、广播电台、电视台等媒体中不可避免地再现或者引用已经发表的作品；

（四）报纸、期刊、广播电台、电视台等媒体刊登或者播放其他报纸、期刊、广播电台、电视台等媒体已经发表的关于政治、经济、宗教问题的时事性文章，但作者声明不许刊登、播放的除外；

（五）报纸、期刊、广播电台、电视台等媒体刊登或者播放在公众集会上发表的讲话，但作者声明不许刊登、播放的除外；

（六）为学校课堂教学或者科学研究，翻译或者少量复制已经发表的作品，供教学或者科研人员使用，但不得出版发行；

（七）国家机关为执行公务在合理范围内使用已经发表的作品；

（八）图书馆、档案馆、纪念馆、博物馆、美术馆等为陈列或者保存版本的需要，复制本馆收藏的作品；

（九）免费表演已经发表的作品，该表演未向公众收取费用，也未向表演者支付报酬；

（十）对设置或者陈列在室外公共场所的艺术作品进行临摹、绘画、摄影、录像；

（十一）将中国公民、法人或者其他组织已经发表的以汉语言文字创作的作品翻译成少数民族语言文字作品在国内出版发行；

（十二）将已经发表的作品改成盲文出版。

前款规定适用于对出版者、表演者、录音录像制作者、广播电台、电视台的权利的限制。

第二十三条

为实施九年制义务教育和国家教育规划而编写出版教科书，除作者事先声明不许使用的外，可以不经著作权人许可，在教科书中汇编已经发表的作品片段或者短小的文字作品、音乐作品或者单幅的美术作品、摄影作品，但应当按照规定支付报酬，指明作者姓名、作品名称，并且不得侵犯著作权人依照本法享有的其他权利。

前款规定适用于对出版者、表演者、录音录像制作者、广播电台、电视台的权利的限制。

著作权侵权

"李昂，中国真的是我的福地！顾梦答应做我的女朋友了！"冉胡一副热泪盈眶的兴奋样子。

"唉，你春风得意，我倒是'屋漏偏逢连夜雨'，对了，正巧有事要找你商量一下。"李昂露出严肃的表情，正襟危坐。

冉胡一番询问下才知道，李昂并未授权的小说已经被盗版书商大量印刷售卖，其作词的歌曲 Just Run Away 也经由盗版碟传唱于街头巷尾。这次想找冉胡商量，是因为他俩在起点中文网连载的小说更是被别有用心的人实施了彻头彻尾的"拿来主义"——抄袭得相当明显：除了主角的名字，基本上是整篇整篇地复制粘贴，文字描写的重合度高达 70%，连其中的错别字也照抄不误。

"这实在是太可恶了……这好歹也是我们的辛勤劳动成果，就这样白白被别人拿去了，我可是不甘心，一定要给他们一点颜色看看！"

"哈哈哈……我也是这个意思，'兵来将挡水来土掩'，我们可不能认尿！"

李昂并**未授权**的小说已经被盗版书商大量印刷售卖，其作词的歌曲 Just Run Away 也经由盗版碟传唱于街头巷尾，这是否构成侵权？两人创作的作品被别人明显复制粘贴，如何认定抄袭？侵权者应当承担什么责任？

情景说法

这涉及著作权侵权的判断和法律责任。

著作权侵权是指一切违反著作权法侵害著作权人享有的著作人身权、著作财产权的行为。具体说来，只要行为人实施了《著作权法》第四十七条和第四十八条所规定的行为，侵犯了他人的著作权，造成了财产或非财产损失，都属于对该著作权的侵犯。

侵犯著作权的行为，须具备以下三个条件：

1. 有侵权的行为事实。即没有得到著作权人的许可，就擅自使用著作权人的作品，以及表演、制作音像制品和广播电视节目等，同时也不属于前面所提到的合理使用和法定使用的情形。

2. 行为具有违法性。他人在使用著作权作品时必须遵守著作权法及其他法律有关规定，如果行为人违反了法律的规定，他的行为就具有违法性。因此，如果是不受我国著作权法保护的作品，或者是已经超过保护期，其他人在使用时就不存在侵权问题。

3. 行为人主观有过错。所谓过错，是指侵权人对其侵权行为及其后果的心理状态，包括故意和过失。侵犯著作权的行为，绝大多数是故意的；也有少数既可以由故意构成，也可以由过失构成。

具体的侵犯著作权的行为在《著作权法》第四十七条和第四十八条有明确

的规定。对于著作权侵权行为，一般需要承担民事责任；如果同时损害了公共利益，比如说社会的正常管理秩序，还应当承担行政责任，可以由行政管理部门责令停止侵权行为，没收违法所得，没收、销毁侵权复制品，并可处以罚款；情节严重的，著作权行政管理部门还可以没收主要用于制作侵权复制品的材料、工具、设备等。如果构成犯罪的，就应当根据《刑法》的有关规定，依法追究刑事责任。

本故事中，李昂并未授权的小说已经被盗版书商大量印刷售卖，盗版书商在未获得李昂授权的情况下就将他的小说出版、销售，违反了以上规定，符合侵犯著作权的条件，构成侵权。同样地，其作词的歌曲 Just Run Away 经由盗版商以盗版碟刻录并销售，也构成侵权。两种行为都是对李昂著作权财产权的侵犯，应当承担法律责任。

至于法律责任的承担上，民事责任的承担一般包括：停止侵害、消除影响、赔礼道歉、赔偿损失等。其中关于民事赔偿上，侵犯著作权或者与著作权有关的权利的，侵权人应当按照权利人的实际损失给予赔偿；实际损失难以计算的，可以按照侵权人的违法所得给予赔偿。赔偿数额还应当包括权利人为制止侵权行为所支付的合理开支。权利人的实际损失或者侵权人的违法所得不能确定的，由人民法院根据侵权行为的情节，判决给予五十万元以下的赔偿。

本故事中，盗版商对李昂的侵权行为符合《著作权法》和《刑法》的规定，应当向李昂承担停止侵害、赔偿损失等民事责任，赔偿的数额可按照《著作权法》第四十九条的规定具体计算；同时因为涉及对公共利益的侵犯，应当承担法律所规定的行政责任和刑事责任。

法条索引 ▶

《著作权法》

第四十七条

有下列侵权行为的，应当根据情况，承担停止侵害、消除影响、赔礼道歉、赔偿损失等民事责任：

（一）未经著作权人许可，发表其作品的；

（二）未经合作作者许可，将与他人合作创作的作品当作自己单独创作的作品发表的；

（三）没有参加创作，为谋取个人名利，在他人作品上署名的；

（四）歪曲、篡改他人作品的；

（五）剽窃他人作品的；

（六）未经著作权人许可，以展览、摄制电影和以类似摄制电影的方法使用作品，或者以改编、翻译、注释等方式使用作品的，本法另有规定的除外；

（七）使用他人作品，应当支付报酬而未支付的；

（八）未经电影作品和以类似摄制电影的方法创作的作品、计算机软件、录音录像制品的著作权人或者与著作权有关的权利人许可，出租其作品或者录音录像制品的，本法另有规定的除外；

（九）未经出版者许可，使用其出版的图书、期刊的版式设计的；

（十）未经表演者许可，从现场直播或者公开传送其现场表演，或者录制其表演的；

（十一）其他侵犯著作权以及与著作权有关的权益的行为。

第四十八条

有下列侵权行为的，应当根据情况，承担停止侵害、消除影响、赔礼道歉、赔偿损失等民事责任；同时损害公共利益的，可以由著作权行政管理部门责令停止侵权行为，没收违法所得，没收、销毁侵权复制品，并可处以罚款；情节严重的，著作权行政管理部门还可以没收主要用于制作侵权复制品的材料、工具、设备等；构成犯罪的，依法追究刑事责任：

（一）未经著作权人许可，复制、发行、表演、放映、广播、汇编、通过信息网络向公众传播其作品的，本法另有规定的除外；

（二）出版他人享有专有出版权的图书的；

（三）未经表演者许可，复制、发行录有其表演的录音录像制品，或者通过信息网络向公众传播其表演的，本法另有规定的除外；

（四）未经录音录像制作者许可，复制、发行、通过信息网络向公众传播其制作的录音录像制品的，本法另有规定的除外；

（五）未经许可，播放或者复制广播、电视的，本法另有规定的除外；

（六）未经著作权人或者与著作权有关的权利人许可，故意避开或者破坏权利人为其作品、录音录像制品等采取的保护著作权或者与著作权有关的权利的技术措施的，法律、行政法规另有规定的除外；

（七）未经著作权人或者与著作权有关的权利人许可，故意删除或者改变作品、录音录像制品等的权利管理电子信息的，法律、行政法规另有规定的除外；

（八）制作、出售假冒他人署名的作品的。

第四十九条

侵犯著作权或者与著作权有关的权利的，侵权人应当按照权利人的实际损失给予赔偿；实际损失难以计算的，可以按照侵权人的违法所得给予赔偿。赔偿数额还应当包括权利人为制止侵权行为所支付的合理开支。

权利人的实际损失或者侵权人的违法所得不能确定的，由人民法院根据侵权行为的情节，判决给予五十万元以下的赔偿。

《刑　法》

第二百一十七条

以营利为目的，有下列侵犯著作权情形之一，违法所得数额较大或者有其他严重情节的，处三年以下有期徒刑或者拘役，并处或者单处罚金；违法所得数额巨大或者有其他特别严重情节的，处三年以上七年以下有期徒刑，并处罚金：

（一）未经著作权人许可，复制发行其文字作品、音乐、电影、电视、录像作品、计算机软件及其他作品的；

（二）出版他人享有专有出版权的图书的；

（三）未经录音录像制作者许可，复制发行其制作的录音录像的；

（四）制作、出售假冒他人署名的美术作品的。

第二百一十八条

以营利为目的，销售明知是本法第二百一十七条规定的侵权复制品，违法所得数额巨大的，处三年以下有期徒刑或者拘役，并处或者单处罚金。

计算机软件的著作权

冉胡应聘进入狐狸叽叽公司之后，负责电商平台程序的开发和运行维护。工作期间，他接受直属上司的指示，运用公司现有的计算机设备，改进了网上购物搜索系统的算法，可以帮助消费者更快地找到目标商品；他还编写了一套计算机软件，可以按照消费者曾经的消费记录快速检索、匹配并向他们推送其最近需要的商品，在价位、风格和质量上做到一致。因为他完成工作高效，受到了上司的嘉奖，奖金也发了不少，可以说是"春风得意"。

但没有永远顺风顺水的事，果然是应了这句成语——"祸不单行"，那边李昂还在为了侵权纠纷忙得焦头烂额，这边冉胡遇上了一件事：他在业余时间开发的一款软件在权属上发生纠纷。这款软件是冉胡周末在家里编写完成的，和公司交给他的工作任务并没有什么关系。因为已经有公司提出高价购买这一软件，他急需明确该计算机软件的产权。这直接关系到他能不能凑够婚房首付的问题，李昂对这笔巨款志在必得。

问题来了：**工作期间**，冉胡接受直属领导的指示，运用公司现有的计算机设备，编写的一套计算机软件，应当归属于谁？他在**业余时间**编写的计算机软件的归属又该如何判断，为什么？

情景说法

这涉及计算机软件作品的归属、职务作品。

计算机软件属于作品的一种，其上载有著作权，一般来说，它的归属也应当按照一般原则——归属于作者。但是因为进入信息时代，计算机软件的开发成为很多公司的日常活动，无论是以软件开发为经营主业，还是为了给公司的经营提供技术帮助，公司往往安排部分员工承担编写计算机软件的任务。因此，部分计算机软件属于职务作品。

职务作品是指公民为完成法人或者其他组织工作任务所创作的作品。职务作品的对象除了计算机软件，还包括文字作品、工程设计图、产品设计图、地图，等等。

职务作品又分为两类：**一般职务作品**和**特殊职务作品**。前者的著作权仍然归属于作者，但作者所服务的公司或者其他组织有权在其业务范围内**优先使用**。同时，还给了作者行使著作权一定的限制，即在作品完成两年内，没有单位的同意，作者不得许可第三人以与单位使用的相同方式使用该作品；后者则更为特殊，包括主要是利用法人或者其他组织的物质技术条件创作，并由法人或者其他组织承担责任的工程设计图、产品设计图、地图、计算机软件等职务作品，以及其他法律、行政法规规定或者合同约定的职务作品，上述职务作品依据法律的特殊规定，将著作权上除署名权之外的权利归属于公司，以实现效率和公平。

在中国，对特殊职务作品做了特别的规定，它的范围包括主要是利用法人或者其他组织的物质技术条件创作，并由法人或者其他组织承担责任的工程设计图、产品设计图、地图、计算机软件等职务作品和法律、行政法规规定或者合同约定著作权由法人或者其他组织享有的职务作品。对于这些作品，作者只享有署名权，著作权的其他权利由法人或者其他组织享有，法人或者其他组织可以给予作者奖励。

在本故事中，冉胡在工作期间，接受直属上司的指示，运用公司现有的计算机设备，编写的一套计算机软件，属于特殊职务作品，应当归属于公司。他本人只享有在作品上署名的权利，公司也可以基于他的贡献给予一定的奖励，但并不是必需的。至于冉胡在业余时间编写的计算机软件，并不是在完成公司交代给他的任务，也没有利用公司的物质技术条件进行创作，不由公司承担责任，因此并不属于职务作品，所以应当属于冉胡个人所有。因而，冉胡可以自由决定如何行使该计算机软件的著作权。

应当注意的是，如果冉胡在业余时间编写的计算机软件主要是利用公司的物质技术条件创作的，虽然他没有接受这一任务的指派，但是因为计算机软件创作过程中受到的物质技术条件的帮助，它也将划入特殊职务作品的范围，冉胡就不能享有独立的完全的著作权了。

法条索引

《著作权法》

第十六条

公民为完成法人或者其他组织工作任务所创作的作品是职务作品，除本条第二款的规定以外，著作权由作者享有，但法人或者其他组织有权在其业务范围内优先使用。作品完成两年内，未经单位同意，作者不得许可第三人以与单位使用的相同方式使用该作品。

有下列情形之一的职务作品，作者享有署名权，著作权的其他权利由法人或者其他组织享有，法人或者其他组织可以给予作者奖励：

　　（一）主要是利用法人或者其他组织的物质技术条件创作，并由法人或者其他组织承担责任的工程设计图、产品设计图、地图、计算机软件等职务作品；

　　（二）法律、行政法规规定或者合同约定著作权由法人或者其他组织享有的职务作品。

微信公众号与著作权

　　为了庆祝顾梦试镜成功，冉胡和顾梦决定出去大撮一顿。"冉胡，你知道我的这部戏的男主角是谁吗？"顾梦神神秘秘地说，"可是吴凡凡哦！我的偶像！"面对一头雾水的冉胡，顾梦接着科普，从身高体重血型星座全方位多层次宽领域地展开了介绍，"从《仙修侠传》到《花万骨》，我们家爱豆（idol）是越来越有味道了！""《花万骨》？不就是特别火的那部古装奇幻电视剧吗？那我知道了，我前两天在微信公众号看到一篇文章，里面还有他的照片，帅是挺帅的，不过这个花边新闻有点多吧。"

　　"别提了，那些微信营销号也真的非常没有节操，喜欢打擦边球、蹭一波热点，什么都要硬和热点头条扯上关系，写饮食、婚恋、金融，都要遛一遛《花万骨》的流量。开头一张图，内容全靠编！那还不是因为我们吴凡凡长得帅嘛，本来一篇公众号文章好几千个字，看得人头都要大了，加几张明星美照，图文并茂，洗洗眼睛，就又有动力看下去了，它们才不管写得真实不真实呢！"看着义愤填膺的顾梦，冉胡只好闭上嘴，安静地吃饭了。

现实生活中，微信公众号在其发布的文章中使用**明星的照片、影视剧剧照**的行为可以说是相当普遍了，这种行为是否存在法律上的风险？是否存在因为侵犯著作权而面临被起诉的可能呢？

情景说法

这涉及微信公众号这一新兴事物和传统著作权侵权、合理使用的交叉。

作为网络时代的领头羊，微信公众号是新媒体的一种，也是当下许多人创业捞金的风口。自媒体时代中，10万＋爆文数见不鲜，一个粉丝量可观的微信公众号相当于一个中等规模的广播电视台，能产生的影响力和经济体量不容小觑。微信公众号如雨后春笋，但也滋生了不少乱象，著作权侵权现象也十分严重，"洗稿"侵犯了著作权自是不必多说，那微信公众号在其发布的文章中使用明星的照片、影视剧剧照的行为应当如何定性呢？

在中国，法律规定了使用享有著作权的作品，需要著作权人的授权并且支付相应的报酬，除非有法律所规定的合理使用和法定使用的例外情形。当微信公众号在其发布的文章中使用明星的照片、影视剧剧照，而不满足合理使用和法定使用的情形时，就会面临侵犯著作权的风险。目前，中国已经发生多起类似的微信公众号著作权侵权诉讼。比如：2017年，多家公众号被视觉中国以侵犯图片著作权为由告上法庭，最后对簿公堂。此类案件中，最后大多是以侵权方赔偿或妥协而告终，并且赔偿的数额往往大大超过微信公众号经营者的心理预期。

囿于司法成本高昂，虽然目前微信公众号诉讼仅集中在一些营收比较高的

"大号"，但正所谓"防患于未然"，一般的微信公众号也应当依法警惕相应的风险。为了防止因为图片问题被著作权人"盯上"，微信公众号运营者最好关注以下几点：第一，在发布文章之前，应当对拟使用的图片来源进行仔细地核实，使用已经落入公共领域的图片，防止侵犯著作权。在百度搜索的界面，对部分图片根据版权性质不同已经做出了标记，应当进行区分，尽量使用"免费正版图片"；第二，如果微信公众号本身有不错的经济实力，可以提前申请授权并支付报酬，为了方便起见，可以和相关的图片著作权所有人签订长期的合同，比如百家号就和视觉中国展开了合作；第三，微信公众号的运营者如果有精力，也可以进行创作，这样就能保证百分百享有著作权，如果其他公众号使用的话，还可以要求其承担侵权责任，支付报酬，等等。

法条索引

《著作权法》

第十条

著作权包括下列人身权和财产权：

（一）发表权，即决定作品是否公之于众的权利；

（二）署名权，即表明作者身份，在作品上署名的权利；

（三）修改权，即修改或者授权他人修改作品的权利；

（四）保护作品完整权，即保护作品不受歪曲、篡改的权利；

（五）复制权，即以印刷、复印、拓印、录音、录像、翻录、翻拍等方式将作品制作一份或者多份的权利；

（六）发行权，即以出售或者赠与方式向公众提供作品的原件或者复制件的权利；

（七）出租权，即有偿许可他人临时使用电影作品和以类似摄制电影的方法创作的作品、计算机软件的权利，计算机软件不是出租的主要标的的除外；

（八）展览权，即公开陈列美术作品、摄影作品的原件或者复制件的权利；

（九）表演权，即公开表演作品，以及用各种手段公开播送作品的表演的权利；

（十）放映权，即通过放映机、幻灯机等技术设备公开再现美术、摄影、电影和以类似摄制电影的方法创作的作品等的权利；

（十一）广播权，即以无线方式公开广播或者传播作品，以有线传播或者转播的方式向公众传播广播的作品，以及通过扩音器或者其他传送符号、声音、图像的类似工具向公众传播广播的作品的权利；

（十二）信息网络传播权，即以有线或者无线方式向公众提供作品，使公众可以在其个人选定的时间和地点获得作品的权利；

（十三）摄制权，即以摄制电影或者以类似摄制电影的方法将作品固定在载体上的权利；

（十四）改编权，即改变作品，创作出具有独创性的新作品的权利；

（十五）翻译权，即将作品从一种语言文字转换成另一种语言文字的权利；

（十六）汇编权，即将作品或者作品的片段通过选择或者编排，汇集成新作品的权利；

（十七）应当由著作权人享有的其他权利。

著作权人可以许可他人行使前款第（五）项至第（十七）项规定的权利，并依照约定或者本法有关规定获得报酬。

著作权人可以全部或者部分转让本条第一款第（五）项至第（十七）项规定的权利，并依照约定或者本法有关规定获得报酬。

网络作品的"删除—通知规则"

　　为了提高书籍的销量，纪梵出版社特地替李昂邀请了插画师，今天，李昂就要去和特邀插画师见面，商量一下插图的形式和内容。

　　陈静和李昂沟通起来："我去看了你写的小说，所有小说我都看过，这本也不例外。小说很棒，我尤其钟爱主角，不过我更喜欢你写的随笔，怎么说呢？小说里的世界虽然更加奇诡绚烂，但终究是梦想中的白日焰火，可望而不可即；不如随笔更加质朴可感，平常却也真实。"

　　李昂感到很惊奇，他并没有在国内授权发表过随笔，不知道陈静是在哪里看到的。"我是在花生上看到的。"

陈静解释道。

"花生是什么？怎么听起来像是吃的东西？"李昂听陈静这么一说就是迷惑了。"噗……"陈静不禁莞尔，笑着解释了花生网的形式和内容，"……简单来说就是不同的用户可以在这个平台上上传东西，和世界分享自己的体验，最多的还是影评和书评"。

显然，李昂并没有自己将随笔上传到花生网上，而是其他人越俎代庖将他的随笔上传上去。那如果李昂想要维权的话，可以对花生网采取什么措施？花生网又将承担什么责任？

情景说法

本故事涉及的是在著作权侵权中的适用于涉案网络服务提供商的"避风港原则"（通知—删除规则）。

"避风港原则"最早起源 1998 年美国《数字千年版权法案》，是为了回应数字时代网络发展，对网络中介服务商间接侵权责任的限制。它包括两项内容："通知＋移除"（notice-take down procedure），所以又称"通知—删除规则"。"避风港原则"的具体含义是指：当发生著作权侵权案件时，如果网络服务提供商只提供了空间服务，包括目录、索引、超文本链接、在线存储网站等，而并未参与制作网页的内容，如果其链接、存储的相关内容涉嫌侵权，著作权人可以以一定的形式告知该网络服务提供商这一侵权事实。收到通知之后，网络服务提供商应该及时删除。如果网络服务提供商并无恶意，并及时删除了相关侵权内容，就不需要承担侵权责任；否则就被视为间接侵权，并应当承担一定的侵权后果。

在网络时代，信息的数量和传播速度较之以前有了爆炸性的发展，著作权侵权更加具有隐蔽性，因此也决定了网络监控的困难，如果按照传统的间接侵权理论，网络服务提供商将面临极大的运营和法律风险。为了保证网络服务商的合法利益，需要提供一个可以规避法律风险的"港湾"，这也就是"避风港原则"的应有之意。步入 21 世纪以来，中国的网络信息传播也紧跟世界的发展步伐，因此也在法律领域吸收借鉴了"避风港原则"的精髓，这主要体现在 2006 年 7 月 1 日正式施行的《信息网络传播权保护条例》的相关条款上。

本故事中，李昂并没有将自己的随笔上传到花生网上，而是其他人越俎代庖将他的随笔上传。很显然，其他人擅自上传的行为直接侵犯了李昂的著作权，花生网平台则属于间接侵权的情形。如果李昂想要维权，按照法律和条例的相关规定，他可以向花生网平台提交书面通知，要求花生网删除他的文章或者断开链接。通知书应当具体写明李昂的姓名、联系方式和地址，要求删除或者断开链接的侵权作品、表演、录音录像制品的名称和网络地址，以及构成侵权的初步证明材料。如果花生网在收到通知之后，立即删除了他的文章或者断开了链接，并且核实不存在明知或者应知所链接的文章侵权的情形，就可以按照"避风港原则"的规定不承担赔偿责任。否则，应当和擅自上传者一起承担共同侵权的责任。

法条索引

《信息网络传播权保护条例》

第十四条

对提供信息存储空间或者提供搜索、链接服务的网络服务提供者，权利人认为其服务所涉及的作品、表演、录音录像制品，侵犯自己的信息网络传播权或者被删除、改变了自己的权利管理电子信息的，可以向该网络服务提供者提交书面通知，要求网络服务提供者删除该作品、表演、录音录像制品，或者断开与该作品、表演、录音录像制品的链接。通知书应当包含下列内容：

（一）权利人的姓名（名称）、联系方式和地址；

（二）要求删除或者断开链接的侵权作品、表演、录音录像制品的名称和网络地址；

（三）构成侵权的初步证明材料。

权利人应当对通知书的真实性负责。

第十五条

网络服务提供者接到权利人的通知书后，应当立即删除涉嫌侵权的作品、表演、录音录像制品，或者断开与涉嫌侵权的作品、表演、录音录像制品的链接，并同时将通知书转送提供作品、表演、录音录像制品的服务对象；服务对象网络地址不明、无法转送的，应当将通知书的内容同时在信息网络上公告。

第十六条

服务对象接到网络服务提供者转送的通知书后，认为其提供的作品、表演、录音录像制品未侵犯他人权利的，可以向网络服务提供者提交书面说明，要求恢复被删除的作品、表演、录音录像制品，或者恢复与被断开的作品、表演、录音录像制品的链接。书面说明应当包含下列内容：

（一）服务对象的姓名（名称）、联系方式和地址；

（二）要求恢复的作品、表演、录音录像制品的名称和网络地址；

（三）不构成侵权的初步证明材料。

服务对象应当对书面说明的真实性负责。

第十七条

网络服务提供者接到服务对象的书面说明后，应当立即恢复被删除的作品、表演、录音录像制品，或者可以恢复与被断开的作品、表演、录音录像制品的链接，同时将服务对象的书面说明转送权利人。权利人不得再通知网络服务提供者删除该作品、表演、录音录像制品，或者断开与该作品、表演、录音录像制品的链接。

第二十一条

网络服务提供者为提高网络传输效率，自动存储从其他网络服务提供者获得的作品、表演、录音录像制品，根据技术安排自动向服务对象提供，并具备下列条件的，不承担赔偿责任：

（一）未改变自动存储的作品、表演、录音录像制品；

（二）不影响提供作品、表演、录音录像制品的原网络服务提供者掌握服务对象获取该作品、表演、录音录像制品的情况；

（三）在原网络服务提供者修改、删除或者屏蔽该作品、表演、录音录像制品时，根据技术安排自动予以修改、删除或者屏蔽。

第二十二条

网络服务提供者为服务对象提供信息存储空间，供服务对象通过信息网络向公众提供作品、表演、录音录像制品，并具备下列条件的，不承担赔偿责任：

（一）明确标示该信息存储空间是为服务对象所提供，并公开网络服务提供者的名称、联系人、网络地址；

（二）未改变服务对象所提供的作品、表演、录音录像制品；

（三）不知道也没有合理的理由应当知道服务对象提供的作品、表演、录音录像制品侵权；

（四）未从服务对象提供作品、表演、录音录像制品中直接获得经济利益；

（五）在接到权利人的通知书后，根据本条例规定删除权利人认为侵权的作品、表演、录音录像制品。

第二十三条

网络服务提供者为服务对象提供搜索或者链接服务，在接到权利人的通知书后，根据本条例规定断开与侵权的作品、表演、录音录像制品的链接的，不承担赔偿责任；但是，明知或者应知所链接的作品、表演、录音录像制品侵权的，应当承担共同侵权责任。

第二十四条

因权利人的通知导致网络服务提供者错误删除作品、表演、录音录像制品，或者错误断开与作品、表演、录音录像制品的链接，给服务对象造成损失的，权利人应当承担赔偿责任。

第二十五条

网络服务提供者无正当理由拒绝提供或者拖延提供涉嫌侵权的服务对象的姓名（名称）、联系方式、网络地址等资料的，由著作权行政管理部门予以警告；情节严重的，没收主要用于提供网络服务的计算机等设备。

微博的著作权问题

李昂知道陈静有在微博上更新四格漫画的习惯，就特地注册了微博，成为其 20 万＋粉丝大军中的一员，上演起小迷弟的追星日常。除了日常关注陈静的更新，李昂也发现了微博的乐趣，他自己也开始在微博上更新动态，或是有感而发的哲思，或是突发奇想的微型故事，有时候看了一场动人心弦的电影、读了一本感人的书，他也会洋洋洒洒地写上一段影评和书评，发表在长微博上。李昂为了增加被陈静看到的机会，甚至特地把自己写得不错的微博转载到朋友圈。

渐渐地，李昂的微博也因为见解独到精辟，收获了一定数目的粉丝。在这群因他的思想而被吸引的粉丝当中，李昂看到熟悉的头像：没有看错，陈静竟然关注了自己的微博！李昂的心像是突然被猫爪子挠了一下似的，麻酥酥的；又像是小鱼跃进了浩瀚的海洋，忍不住欢快地吐起泡泡来。

李昂在微博平台上发表的**微博**是否享有著作权？著作权属于李昂还是新浪微博平台？李昂能否将微博上发布的原创内容转载到其他平台？有没有不被允许的情况？

情景说法

这涉及作品的认定和著作权的归属。

著作权保护的对象是作品，作品是指文学、艺术、和科学领域内具有独创性并能以某种有形形式复制的智力成果。由此可见，构成受著作权保护的作品应当满足以下三个条件（也称实质条件）：第一，作品是思想、情感的表现形式，不是思想、情感本身。比如说，在欣赏了一部凄美动人的爱情电影之后，欣赏者感慨万千，心中涌动起无限的情愫，文思泉涌，但只有当他受到这种情感的导引，头脑中无形的思想用文字的形式表现出来，写成观后感的形式，使它可以有形的方式被复制，这种作品才可能受到法律的保护；第二，作品应当具有独创性；第三，该表现形式属于文学、艺术和科学范畴。如果用户发表的微博达到了具有独创性的程度，就可以被认定为作品，享有受法律保护的著作权。

在本故事中，李昂发表的微型故事、影评和书评是其独自创作的并具有一定的创造性，所以可以被认定为作品，可以享有著作权，受到法律的保护。至于只是日常生活的零碎的感想，如对一顿饭的简短评价，可能就因为缺乏创造性而无法被认为是作品，从而不具有著作权。

认定了作品之后还有著作权的归属问题，一般来说，除了法律的特别的规定，作品的著作权归作者所有。在这里再次提及，老生常谈，是因为理论上虽然清楚，但是现实中却经常有阳奉阴违的情况出现，某微博平台就曾经闹出沸沸扬扬的乌龙事件。

2017年9月15日，某微博发布新的《微博服务使用协议》部分条款称"未经微博平台事先书面许可，用户不得自行授权任何第三方使用微博内容（微博内容即指用户在微博上已发布的信息，例如文字、图片、视频、音频等），包括但不限于自行授权任何第三方发表、复制、转载、更改、引用、链接、下载、同步或以其他方式使用部分或全部微博内容等。""用户同意并授权微博平台以微博平台名义就侵犯用户合法权益的行为（包括但不限于私自复制、使用、编辑、抄袭、在第三方平台上再次发布微博内容等行为）采取任何形式的法律行为，包括但不限于投诉、诉讼等必要的维权措施。"更为过分的是，这种维权行为获得的利益将归属于该微博平台所有。

该《使用协议》显然极大地限制了用户的著作权，以至于有许多人发出微博版权属于某平台的惊呼！在对外公布之后，该协议遭到了用户群体的集体炮轰和抵制。鉴于此，微博平台进行了紧急公关处理，并在随后对外回应说"版权或者说著作权理所应当是属于内容创作者所有的，权利本身都归属于作者。微博作为发布平台只享有一定范围的使用权。用户完全可以发布到其他平台，但是未经微博平台同意，自行授权、允许、协助第三方非法抓取已发布的微博内容，是不能允许的。"其中，非法抓取指的是：采用程序或者非正常浏览等技术手段获取内容数据的行为。

在本故事中，李昂对其所创作的微博内容享有著作权，该著作权本身归属于其所有，微博平台只享有一定程度的非排他性的使用权。因此，李昂当然可以根据自己的意愿将其在微博上发表的原创内容再发布到其他平台之上，比如说李昂将发表的微博内容再次发表在微信朋友圈上。这并不会侵犯微博平台的权利。

从微博用户协议对于著作权的关注可以看出：在中国，著作权正日益受到重视，微博平台也在建构"线上举报—线下投诉"的原创内容保护机制，值得予以肯定；但商家也应当加强自身社会责任感，不得随意损害用户的利益，不然既触犯了法律，又失去民心，得不偿失。用户也应当树立权利意识和主人翁精神，坚决捍卫自己的权利，这样法治社会的建成才会指日可待。

法条索引▶

请参见《著作权法》第三条、第十一条；《著作权法实施条例》第二条、第四条。

复制权

  陈静的油画作品将在绮梦艺术画廊进行拍卖，李昂特地调出了时间去捧场，为了给陈静一个惊喜，他还特地去了一趟礼品店，想要学习韩剧里男主人公，送一只可爱的毛绒玩具。

  一进礼品店，冉胡就被各式各样的毛绒玩具包围了：粉嫩嫩的 Hello Kitty，圆滚滚的"蓝胖子"——多啦 A 梦，陪伴我们度过童年的米老鼠、唐老鸭、小熊维尼，还有新晋的"社会人"网红——小猪佩奇……可以说是琳琅满目，应有尽有了。除了毛绒玩具，这些耳熟能详的卡通人物还有其他形式的周边，比如说：贴纸、贺卡、抱枕……就连口罩都有卡通款。

令人惊喜的是，他还发现了陈静四格漫画的主角——小丑狗，陈静的漫画有一个系列是以自己的宠物黑银雪纳瑞和橘猫为主角创作的，而眼前这个毛绒玩具和陈静的漫画简直是一个模子里刻出来的：连穿着的灰白相间的小洋装都和其在陈静漫画中的某一集出场的服饰一模一样，没有一丝一毫的不同。"这个可以说是非常有纪念意义了，陈静一定会喜欢"，这样想着，李昂便兴高采烈地去付了款。

陈静果然很喜欢，但是对于这个玩具的来源却有了疑问，陈静没有授权玩具生产厂商制作小丑狗的玩具，后者的这一行为是否构成侵权？

情景说法

这涉及的是著作权中复制权的权能范围和复制的内涵。

复制权是著作权的一项重要权能，是指制作作品复制件的权利，由著作权人享有。其他人希望制作作品复制件的，应当提前获得著作权人的许可，并且支付报酬，不然将构成侵权。

狭义意义上的"复制"，是指以印刷、照相、复写、影印、录音、录像或其他行为做成与原作品同一形态的复制，比如：将文书加以手抄、印刷、照相，将绘画、雕刻加以摹拓，将录音带、录像带加以翻版录制等，以上形态的复制并不改变作品载体的形态，往往是从平面到平面，立体到立体。

而广义意义上的"复制"，不但包括前面所罗列的情形，还包括对作品的形态加以改变的情形，也就是说不仅仅局限于制作与原作品之形态完全相同之物，而只是其承载的作品具有同一性，比如，根据设计图做成工艺品，根据建筑施工图建造建筑物，将雕刻制成绘画，根据模型制成美术工艺品等。这样的复制所包含的形态更加的宽泛，除了包括从平面到平面，从立体到立体，还包括从平面到立体。

在中国，在2001年《著作权法》修订之前，"复制"只包括狭义意义上的复制，修订之后，其内涵得到延伸，变为广义范围上的复制，即包括从平面到立体的情形。这是根据社会现实所做出的调整，符合社会发展变化趋势，也顺应了世界通行惯例。比如说，之后法院判决的故事：有厂商根据腾讯QQ企鹅的形象制作音响，就属于对其作品的复制，从而侵犯了著作权而应当承担侵权责任。近来，为了顺应数字化时代的需要，我国在《著作权法》第二次修订时，特地将"数字化"列入复制的范围，因此根据纸质版书籍制作电子版也将属于"复制"的情形，从而受到作者著作权的限制，这亦是与时俱进的表现，具有定纷止争的现实意义。

本文中，按照Hello Kitty、米老鼠、唐老鸭等卡通形象制作毛绒玩具属于从平面到立体的复制，当然属于著作权的权能范围，应当得到著作权人的许可。根据陈静所创作的小丑狗的漫画形象制作毛绒玩具也是同样的道理，也属于其所享有的著作权的权能范围。如果陈静没有授权玩具生产厂商制作小丑狗的玩具，后者的这一行为当然构成侵权，根据法律的规定，陈静可以通过向法院诉讼等维护自身的合法权益。

著作权与专利权

　　李昂鼓起勇气约陈静一起吃饭，还精心挑选了一家中餐馆，坐落在上海弄堂里，馆子并不大，却很干净舒适。

　　两人拣了一处僻静的座位，点了这家店的几道招牌菜，还听从服务员的建议准备试一试新出的绿茶饼。趁着等候的工夫，服务员就把餐具端上来了，并一道端上了两杯温润的茶水。果然是细节处见真章：只见那餐具和茶具也俱显得新颖独特，那碗是莲花造型，配的碟子则制作得颇有莲叶的神韵，最有创意的是制作成蜻蜓形状的勺子，每舀一勺汤水都透露出蜻蜓点水的轻盈和美感，让人不禁联想起"小荷才露尖尖角，早有蜻蜓立上头"。

这里的问题是：餐馆使用的餐具的特殊形状可以通过什么制度加以保护？从著作权角度，如果有厂商仿照其模样制作了一模一样的蜻蜓勺子（已知该勺子的蜻蜓形状经过艺术抽象，和日常生活中的有明显的不同，具有易于辨认的显著特征），是否涉嫌侵权？

情景说法

这涉及实用艺术品的著作权问题以及著作权制度和专利权制度的比较。

本故事中的餐具制作精良优美，外观上具有一定的艺术价值，可以采用著作权制度上的实用艺术品和专利权制度上的外观设计专利两种不同的方式对其进行保护。

实用艺术品，顾名思义，是指实用品和艺术品的融合。一般认为应当符合以下几个条件：一是实用艺术品中的实用功能与艺术美感能相互独立；二是能独立的艺术设计具有独创性；三是艺术设计达到了一定的艺术高度。目前，我国法律及有关条例并未将其单列为一种保护的对象，在司法实践中一般将其纳入美术作品进行保护。美术作品是指绘画、书法、雕塑等以线条、色彩或者其他方式构成的有审美意义的平面或者立体的造型艺术作品。根据该规定，美术作品除包括一般艺术品之外，还应当包括实用艺术作品。不论是艺术品，还是实用品，只有当其本身满足著作权中对于作品的定义时，才能得到著作权法的保护。在最近的《著作权法》修订草案稿中，"实用艺术品"被单独列为保护的对象，显示了国家对此的日益重视，是立法对于司法实务所出现的问题和提出的要求的回应。

外观设计专利则是指工业品的外观设计，受到专利法的保护。它是指对产品的形状、图案或其结合以及色彩与形状、图案的结合所做出的富有美感并适于工业应用的新设计。与其他两种受专利法保护的对象——发明和实用新型不同，专利法对其保护的是外观设计，而非技术方案。外观设计专利应当符合以下四个条件：第一，必须是形状、图案、色彩或者其结合的设计；第二，必须是对产品的外表所作的设计；第三，必须富有美感；第四，必须是适于工业上的应用。

两种方式虽然都可以对餐具的外观提供一定程度的保护，但是在履行的手续、保护的范围和依据等方面都有着非常大的不同。第一，著作权法采用的自动保护的原则，也就是说作品一旦完成，不需要履行任何的手续就可以获得著作权，实用艺术品不需要注册就可以受到著作权法的保护；而专利权的获得需要履行一定的手续，获得外观设计专利需要经过申请、审查、授权等一系列手续，并缴纳一定的费用。第二，著作权法对实用艺术品只保护其具有独创性的艺术美感部分，而不保护其实用功能，该艺术美感应当与其实用功能相分离。也就是说，如果对于某个实用艺术品的富有美感的流线型的设计是出于减小空气阻力的实用性的需要，这将属于艺术美感和实用功能无法相分离的情形，因此也不能受到著作权法的保护；仅仅当富有美感的设计只是出于审美的需求时才能成为法律的保护对象。而与之形成鲜明对比的是，外观设计专利则有着更大的保护范围，不论是出于艺术还是实用功能的考量，只要满足申请的条件，它的外观都可以受到专利法的保护。第三，前者根据《著作权法》的有关规定进行保护；后者则依据《专利法》的有关规定进行保护，保护期限、侵权损害赔偿等都有一定的区别。

本故事中，从著作权视角来看，如果有厂商仿照其模样制作了一模一样的蜻蜓勺子，将涉嫌侵犯原厂商的著作权。因为该勺子的蜻蜓造型精巧新奇，具有独创性，达到了一定的艺术高度，且该艺术美感的设计并非为了实现舀起流质物的实用价值，也就是说，艺术美感和实用功能能够相互独立。并且已知该勺子的蜻蜓形状经过艺术抽象，和日常生活中的有明显的不同，具有易于辨认的显著特征，所有如果有厂商制作了一模一样的蜻蜓勺子，就可以推断其涉嫌侵犯原厂商的著作权，应当承担相应的法律责任。

请参见《著作权法》第三条；《著作权法实施条例》第四条。

《专利法》

第二条

本法所称的发明创造是指发明、实用新型和外观设计。

发明，是指对产品、方法或者其改进所提出的新的技术方案。

实用新型，是指对产品的形状、构造或者其结合所提出的适于实用的新的技术方案。

外观设计，是指对产品的形状、图案或者其结合以及色彩与形状、图案的结合所作出的富有美感并适于工业应用的新设计。

第四十二条

发明专利权的期限为二十年，实用新型专利权和外观设计专利权的期限为十年，均自申请日起计算。

第六十五条

侵犯专利权的赔偿数额按照权利人因被侵权所受到的实际损失确定；实际损失难以确定的，可以按照侵权人因侵权所获得的利益确定。权利人的损失或者侵权人获得的利益难以确定的，参照该专利许可使用费的倍数合理确定。赔偿数额还应当包括权利人为制止侵权行为所支付的合理开支。

权利人的损失、侵权人获得的利益和专利许可使用费均难以确定的，人民法院可以根据专利权的类型、侵权行为的性质和情节等因素，确定给予一万元以上一百万元以下的赔偿。

演绎作品和电影作品

"李昂，你不是进修过一段时间的编剧课程吗？梦梦有一个很重要的试镜，需要拍摄一段微电影寄过去，他们公司虽然小，但是项目人员倒是齐全的，现在'万事俱备，只欠东风'——就缺一个才华横溢的编剧，你看看能不能发挥一下'余热'，给兄弟以援手啊"，冉胡一副巴巴的样子。

李昂正好最近也没什么忙的事，而且他新近又得了一个好的构思，就应承了下来。

待约好了拍摄的时间，李昂就紧赶慢赶回了家，细细打磨剧本。

这个剧本其实并不是李昂偶然迸发的灵感，而是根据之前一个短篇小说改编而成的，李昂在故事架构中融入自己的创意，同时也通过扩充对白、设计人物的神态和举止丰富了人物的形象。

此处的问题是，李昂对该**剧本**是否享有著作权？改编该短篇小说写成剧本应当如何避免法律风险？另外，按照根据该剧本拍摄的**微电影**的著作权属于谁？李昂对此又享有什么权利？参与拍摄演出的顾梦享有什么权利？

情景说法

这涉及演绎作品的著作权归属和电影作品与以类似摄制电影的方法创作的作品的著作权问题。

演绎作品是指根据另外一件之前已经存在的作品，通过改编、翻译、注释、整理等形式所创作的作品。因为演绎作品是对之前已经存在的作品进行改编、翻译、注释、整理，而并非完全的复制，具有一定的创造性，所以演绎作品本身具有著作权。根据我国法律，各演绎作品的作者对自己创作的演绎作品分别享有著作权。但是，演绎作品作者的著作权不是独立的，而是有限制的。对演绎作品的保护不得损害上述原著的版权。我国著作权法规定，演绎作品的作者在对原作品进行再创作时，应事先征得原作者的同意，并依照规定支付报酬，同时原作者仍享有署名权，再创作人不得对原作品进行歪曲、篡改等。如果未经原作者同意就自行进行了演绎，虽然仍然可以对演绎之后的作品享有著作权（这种情况下的演绎作品也称"侵权作品"），但相关的权能将受到限制；如果其对外行使自己演绎作品著作权的行为涉及对原作品的利用，则应当对原作品的作者承担侵权责任。

本故事中，李昂是根据已经存在的小说改编成剧本，他个人作为演绎作品的作者，对于改编而成的剧本享有著作权。但应当事先征得小说作者的同意，并按照规定支付报酬，同时需要注意的是：应当尊重原作者的人身权利，保护原作者的署名权和保护作品完整权等，不得对原作品进行恶意歪曲、篡改等，不得对原作者的声誉造成不利的影响。

电影作品与以类似摄制电影的方法创作的作品的著作权归属与一般原则不同：考虑到以上作品所耗费的资金、人力等资源巨大，涉及的关系十分复杂，它的著作权并不当然归属于作者，而是通过法律的规定归属于制片者。编剧、导演、摄影、作词、作曲等作者只享有署名权，并有权按照与制片者签订的合同获得报酬。如果以上作者创作的作品是可以独立使用的，比如：剧本或者配乐等，作者也有权在之后单独行使著作权。

本故事中，微电影属于电影作品的范畴，它的著作权归属于制片者。李昂作为编剧，可以享有署名权，并有权按照与制片者签订的合同获得报酬。因为剧本属于可以单独使用的作品，李昂也有权单独行使其著作权。顾梦作为演员，可以依照著作权法的规定，对自己的表演享有表演者权，同时可以按照与制片者签订的合同获得报酬。

法条索引

《著作权法》

第十五条

电影作品和以类似摄制电影的方法创作的作品的著作权由制片者享有，但编剧、导演、摄影、作词、作曲等作者享有署名权，并有权按照与制片者签订的合同获得报酬。

电影作品和以类似摄制电影的方法创作的作品中的剧本、音乐等可以单独使用的作品的作者有权单独行使其著作权。

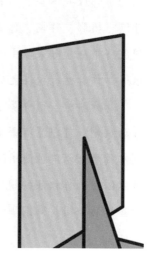

广播权

果然是"功夫不负有心人",经过李昂的多次删改、细细打磨,这个"微电影"剧本可以说是相当完善了。经过一天的紧张拍摄,微电影效果也很是喜人,虽然篇幅短小,但是情节紧凑,高潮迭起,同时又张弛有度,给予观众不错的观感体验。其中,顾梦也算是本色出演,毫不费劲地就演出了主角灵动、俏皮的模样,不论是放声大笑,还是号啕大哭都让人非常有代入感。

但在欢乐的拍摄之中,也出现了非常不和谐的情况:有路人将在微电影中的一段表演在网络上进行了直播。这次意外的"剧透"让剧组众人十分气愤,但好在因祸得福:

有电视台的负责人刚好看到了直播，有意向将该微电影搬上电视荧幕，派人与李昂等人进行了授权的洽谈，双方相谈甚欢，很快便谈妥了放映的有关事项。

此处的问题是：如果未经事先允许，电视台可否播放他们创作并拍摄的微电影作品？否则，将侵犯哪一项权能？如果未经许可，其他电视台是否可以转播该节目？类比之，如果未经允许，电视台可否播放李昂创作的 Just Run Away？为什么？

情景说法

这涉及的是电视台播放作品的著作权问题。

根据我国法律的规定，电视台播放他人的电影作品和以类似摄制电影的方法创作的作品、录像制品，应当取得制片者或者录像制作者许可，并且还需要支付相应的报酬。如果是播放他人的录像制品，还应当取得著作权人许可，并支付报酬。否则，电视台将会侵犯著作权人的广播权。

播放对象 播放主体	他人未发表的作品	他人已发表的作品	已经出版的录音制品	他人的片子作品和以类似摄制片子的方法创作的作品、录像制品
广播电台、电视台	1. 应取得著作权人许可； 2. 应支付商定的报酬	1. 可以不经著作权人许可； 2. 应支付划定的报酬	1. 可以不经著作权人许可； 2. 应支付划定的报酬。当事人另有商定的除外	1. 应当取得制片者或者录像制作者许可； 2. 支付报酬； 3. 播放他人的录像制品，还应当取得著作权人的许可并支付报酬

广播权是著作权人财产权利的一项重要内容，所控制的行为包括以下三种：第一，以无线方式公开广播或者传播作品；第二，以有线传播或者转播的方式向公众传播广播的作品；第三，通过扩音器或者其他传送符号、声音、图像的类似工具向公众传播广播的作品的权利。与信息网络传播权不同，广播权是媒介主动传播作品，受众（听众、观众）必须按媒介安排时间或地点被动的接受作品的权利。

与之相区别的是，法律规定：广播电台、电视台播放他人已发表的作品，可以不经著作权人许可，但应当支付报酬。对于广播电台、电视台播放已经出版的录音制品，可以不经著作权人许可，但应当支付报酬。当事人另有约定的除外。这相当于广播电台、电视台特殊的"法定许可"情形，与立法当时的广播媒体发展情况密切相关：当时，广播媒体行业正兴起不久，可利用的媒体资源比较稀缺，为了促进这一行业的发展，丰富广大人民群众的精神文化生活，特地作出此安排，事实证明，这一立法也极大地方便了广播电台、电视台，促进了我国广电事业的发展，起到了应有的效果。

　　在传播作品的过程中，广播电台、电视台本身也将因为其传播行为而享有邻接权，主要表现在：有权禁止未经其许可的下列行为：（1）将其播放的广播、电视转播；（2）将其播放的广播、电视录制在音像载体上以及复制音像载体。

　　本故事中，他们创作和拍摄的作品属于电影作品，因此如果未经事先允许，电视台不能播放。电视台应当按照法律的规定得到制片者的允许，并且支付报酬，否则将会侵犯广播权。同时，因为电视台自身所享有的邻接权，如果未经许可，其他电视台不可以转播该节目。否则将构成侵权，并需要承担赔偿责任。

　　至于，李昂创作的 Just Run Away，其属于已经出版的录音制品，如果没有特殊约定，电视台可以不经李昂的许可，在节目中进行播放，但是应当支付报酬。

法条索引

《著作权法》

第四十三条

　　广播电台、电视台播放他人未发表的作品，应当取得著作权人许可，并支付报酬。

　　广播电台、电视台播放他人已发表的作品，可以不经著作权人许可，但应当支付报酬。

第四十四条

广播电台、电视台播放已经出版的录音制品，可以不经著作权人许可，但应当支付报酬。当事人另有约定的除外。具体办法由国务院规定。

第四十五条

广播电台、电视台有权禁止未经其许可的下列行为：

（一）将其播放的广播、电视转播；

（二）将其播放的广播、电视录制在音像载体上以及复制音像载体。

前款规定的权利的保护期为五十年，截止于该广播、电视首次播放后第五十年的 12 月 31 日。

第四十六条

电视台播放他人的电影作品和以类似摄制电影的方法创作的作品、录像制品，应当取得制片者或者录像制作者许可，并支付报酬；播放他人的录像制品，还应当取得著作权人许可，并支付报酬。

信息网络传播权

上次的微电影让顾梦顺利接到了电影角色，庆功宴上冉胡干脆趁机求婚，给了顾梦大大的惊喜，可以说是"双喜临门"。因此，顾梦自掏腰包，请大家一起去游乐园痛快地玩一天，并安排了一顿法国大餐特地感谢李昂，考虑到一天的游玩之后，大家肯定筋疲力尽，顾梦特地将晚上的行程安排为"私人影院"观影，并提前订下了中等型号的包间。

酒足饭饱后，四人便心满意足地去了预订的"私人影院"，只见其外观上非常普通，和大型的电影院有明显不同，看上去只是一般的咖啡厅，进去之后才发现"别有洞天"：

吧台和简餐座位之外还另设有几个包厢，包厢里面除了沙发和茶几，最显眼的便是投影仪和音响。

商家提供的电影不但包括最新的院线电影，还有已经下映的经典电影，甚至还有刚在大洋彼岸上映、还没正式登陆中国内地院线的欧美电影，可谓是应有尽有。他们最终选择了新上映的《大话西游之爱你一万年》，以这个浪漫的爱情电影为这美好的一天画上了完美的句号。

此处的问题是，如果未经允许，"私人影院"擅自播放电影是否构成侵权？如果是的话，侵犯的是哪一项权能？为什么？

情景说法

这涉及的是"私人影院"播放电影的著作权问题。

"私人影院"作为一个新兴事物，正逐渐成为现代年轻人休闲娱乐的另一选择。私人影院的数量也如雨后春笋，遍地开花。与传统影院不同，"私人影院"并没有宽敞的放映室，播放的也不一定是院线上最新的电影。"私人影院"一般布置有精致舒适的主题包间，它有不输电影院的音效设备，同时还能满足观众私密性、舒适度高的要求，卖点在于为顾客及其好友提供视听盛宴，因此颇受年轻观众的喜爱。

但"私人影院"往往是由咖啡厅或者网吧改建而成，本身质量与资源便也良莠不齐。其中，亟待解决的问题主要体现在著作权方面。"私人影院"提供电影播放服务的主要模式为：将电影储存在各个房间的设备中，或者将电影存储在影院的局域网中，以供顾客点播。在这种经营模式下，如果"私人影院"未获得电影著作权人的授权，擅自播放电影的行为将属于侵犯著作权的行为，即将电影事先存储设备中进行播放的行为侵犯了电影著作权人的作品放映权、复制权；将电影上传到影院局域网中播放的行为侵犯了电影著作权人的信息网络传播权。

在目前发生的多起"私人影院"著作权侵权纠纷中，法院的判决基本一致，均认为"私人影院"侵犯了信息网络传播权。信息网络传播权是著作权中财产权的重要内容，是指以有线或者无线方式向公众提供作品，使公众可以在其个人选定的时间和地点获得作品的权利。它与广播权的显著不同，就在于观众是否有选择时间和地点的自由，这也被称为交互性。

本故事中，如果未经允许，"私人影院"擅自播放电影的行为将构成对著作权的侵犯，因为未经允许，私人影院将涉案影片存储在服务器终端中，使用户能在自行选定的时间内，通过网络对上述涉案影片进行播放，所以该行为主要侵害的是信息网络传播权。

为了避免经营风险，"私人影院"应当注意提前获得授权，如果有条件的话可以加盟国内某个院线以获得优质、无法律风险的影片资源。当然，如果播放的电影已经超过保护期，当然可以进行播放，而不需要授权，也不需要支付报酬。

法条索引

《著作权法》

第十条

著作权包括下列人身权和财产权：

（一）发表权，即决定作品是否公之于众的权利；

（二）署名权，即表明作者身份，在作品上署名的权利；

（三）修改权，即修改或者授权他人修改作品的权利；

（四）保护作品完整权，即保护作品不受歪曲、篡改的权利；

（五）复制权，即以印刷、复印、拓印、录音、录像、翻录、翻拍等方式将作品制作一份或者多份的权利；

（六）发行权，即以出售或者赠与方式向公众提供作品的原件或者复制件的权利；

（七）出租权，即有偿许可他人临时使用电影作品和以类似摄制电影的方法创作的作品、计算机软件的权利，计算机软件不是出租的主要标的的除外；

（八）展览权，即公开陈列美术作品、摄影作品的原件或者复制件的权利；

（九）表演权，即公开表演作品，以及用各种手段公开播送作品的表演的权利；

（十）放映权，即通过放映机、幻灯机等技术设备公开再现美术、摄影、电影和以类似摄制电影的方法创作的作品等的权利；

（十一）广播权，即以无线方式公开广播或者传播作品，以有线传播或者转播的方式向公众传播广播的作品，以及通过扩音器或者其他传送符号、声音、图像的类似工具向公众传播广播的作品的权利；

（十二）信息网络传播权，即以有线或者无线方式向公众提供作品，使公众可以在其个人选定的时间和地点获得作品的权利；

（十三）摄制权，即以摄制电影或者以类似摄制电影的方法将作品固定在载体上的权利；

（十四）改编权，即改变作品，创作出具有独创性的新作品的权利；

（十五）翻译权，即将作品从一种语言文字转换成另一种语言文字的权利；

（十六）汇编权，即将作品或者作品的片段通过选择或者编排，汇集成新作品的权利；

（十七）应当由著作权人享有的其他权利。

著作权人可以许可他人行使前款第（五）项至第（十七）项规定的权利，并依照约定或者本法有关规定获得报酬。

著作权人可以全部或者部分转让本条第一款第（五）项至第（十七）项规定的权利，并依照约定或者本法有关规定获得报酬。

著作权中的委托合同与承揽合同

自上次求婚后，顾梦曾为"闪婚"的决定担忧过好一阵子，但没想到事情竟出奇得顺利，双方家长索性催促着二人早日完婚，正式将婚礼提上日程。为了即将举行的婚礼，顾梦各种忙前忙后，试婚纱、订场地、联系司仪……为了将美好的瞬间定格为永恒，顾梦特地联系当地一家知名婚庆公司，由他们在婚礼当天全程跟拍，记录下婚礼那天的每分每秒。该婚庆公司的录像制作非常有创意，擅长将婚礼影像剪辑、串联成一个个情节连贯、妙趣横生的小故事。此次，对方的报价很合理，不多时双方便签订了《委托合同》。

婚礼当天，冉胡永远不会忘记顾梦身着一袭白纱，在父亲的牵引下款款走向自己的情景：周遭的一切似乎都不重要了，世界好安静、好空旷，只剩下眼前自己心爱的女孩。"我愿意！"面对证婚人的询问，两人异口同声地回答，戒指在彼此之间交换，连带着的还有同呼吸、共命运的决心。

但这场美丽的婚礼却也带来了一场风波，婚庆公司未经冉胡和顾梦许可便将他们的婚礼视频用作了宣传广告，还声称双方已经签订了《委托合同》，自己拥有该视频的著作权。

这让二人又一次陷入了疑惑：顾梦和婚庆公司签订的合同真的是《合同法》合同类别下的"委托合同"吗？该作品的著作权归属如何确定？发生民事纠纷时，应当按照哪一种有名合同的规定进行处理？

情景说法

这涉及的是对著作权法下"委托合同"实质法律关系的分析。

在著作权法上，将受托人根据委托人委托创作的作品称为委托作品。根据我国法律规定，出于尊重民事领域当事人自由意志的考虑，受委托创作的作品，它的著作权的归属首先是交由委托人和受托人通过合同约定。只有当合同未作明确约定或者没有订立合同的，著作权按照法律的规定属于受托人。

对此，在著作权相关的行业中，大家往往认为双方成就的是委托关系，并经常习惯性地将两者间订立的合同称之为"委托合同"。但仔细推敲民法上的"委托合同"的内涵，会发现二者之间存在较大出入。民法所称的"委托合同"又称委任合同，它是指委托人和受托人约定，由受托人处理委托事务的合同。委托合同是提供劳务类的合同，受委托的当事人提供的是自己的劳动，这种劳务体现为受托人替委托人处理委托事务。而一般来说，著作权上"委托合同"的情形却并非如此。本故事中，婚庆公司与顾梦签订协议，由其负责婚礼当天的拍摄和之后的剪辑等，其主要的目的在于获得婚礼的录像——也就是作品，所看重的并非婚庆公司本身付出的劳动。

这种情况在民法上更符合承揽合同的情形。承揽合同是指：承揽人按照定作人的要求完成工作，而由定做人支付报酬的合同。它是以完成一定的工作并交付工作成果为履行对象的。在著作权委托创作的情况下，是由受托人完成创作作品的工作并最终交付给委托人，因此应当属于承揽合同。这种观点不但具有理论上的支持，也是司法实务中各个法院所持的基本观点，在涉及著作权委托任何受托人法律关系的判断时，法院一般倾向于认为双方之间构成承揽合同，并据此进行裁判和处理。

本故事中，顾梦和婚庆公司签订的合同其实是承揽合同，在发生纠纷时，应该按照承揽合同就行裁判和处理。当然，这并不会影响著作权法对于这一委托作品的归属：这一作品的著作权的归属首先是交由婚庆公司和顾梦通过合同约定。当合同未作明确约定或者没有订立合同的，著作权按照法律的规定属于婚庆公司。但在这种情况之下，婚庆公司虽然享有著作权，他对该著作权的行使也并非没有限制的，而是应当遵守法律的规定：该婚礼录像涉及顾客的肖像权和个人隐私，婚庆公司在行使自身著作权的时候也应当注意保护顾客的肖像权和隐私权。

法条索引

《民法典》

第七百七十条

承揽合同是承揽人按照定作人的要求完成工作，交付工作成果，定作人支付报酬的合同。

承揽包括加工、定作、修理、复制、测试、检验等工作。

第九百一十九条

委托合同是委托人和受托人约定，由受托人处理委托人事务的合同。

第九百二十条

委托人可以特别委托受托人处理一项或者数项事务，也可以概括委托受托人处理一切事务。

专利法

    杰西（Jesse）出身于医学世家，在家人的耳濡目染下，他从小就决定要悬壶济世，自然而然地选择了学医这条道路。博士毕业的杰西来到了芬兰医院实习，没想到这次实习经历，竟改变了他一生的命运。

    他接触到了一批肺癌病人，杰西见到肺癌患者遭受着病痛的折磨，立志要用实际行动，向肺癌这个死神宣战，果断加入了芬兰著名合莱斯医药公司，成为一名研究人员。心怀天下的杰西几十年如一日地在肺癌治疗研究上兢兢业业，杰西是一个好医者，却不是一个好丈夫，妻子在结婚 30 周年的时候与其协议离婚，带走了女儿。儿子在赫尔辛基大学念工程学博士。

遭遇如此变故的杰西决定离开芬兰这个充满不愉快回忆的地方出去散散心。得知杰西的重大变故，曾与杰西一起求学的中国好友王明健得知杰西要放弃医学研究心急如焚，邀请杰西来重庆，好友王明健更是告诉他肺癌已成中国第一癌，它连续十年霸占中国恶性肿瘤死亡率和发病率的榜首，希望杰西可以重拾信心，与其一起创立芬康莱医药公司，哪怕肺癌永远无法根治，两人也要联手，一起为之奋斗终生！

专利权的客体

  如果说芬兰就如同是隐藏在遥远北方的一枚蓝宝石，那么重庆就是镶嵌在中国内陆西南部的一枚红宝石。在重庆游玩过后，杰西稍作休整，便和王明健着手创建公司。杰西和王明健觉得医药公司需要一种开放和包容的氛围，所以两人创造了一套橄榄型的公司管理方法；为了帮助同事们休息，杰西想出了一个在闲暇之余帮助大家进行头脑风暴的游戏规则，在游戏中既能放松身心，亦可以开发大脑；为了鼓励创新，王明健则想出了一个既不伤和气又有积极效应的竞赛机制。杰西和王明健对于这个公司投入了他们无限的激情，看着像是他们的孩子一样的公司从无到有，杰西对未来的肺癌相关研究充满希望。

公司一创办，杰西就如火如荼地开展了对肺癌的全方位科研，杰西和王明健没日没夜地辛苦实验，从新型药品到相关医疗器械，做出了斐然的成果。

首先，杰西和王明健依赖于他们发现的导致肺癌的特殊的遗传基因，创造了特有的治疗方法，杰西和王明健把它作为了两人的第一个发明。

接着，杰西和王明健在"巴渝新十二景"的黑山谷发现了一种植物新品种，对减缓肺癌患者的痛苦大有裨益，杰西和王明健把它作为了两人的第二个发明。之后二人对该植物匹配发明了一套新的生产方法，杰西和王明健把它作为了两人的第三个发明。

之后，杰西和王明健在重庆市的缙云山上，发现了一些珍贵的濒危植物，经过研究和提取，两人发明了一种对于肺癌患者非常友好的中药制品。杰西和王明健把它作为了两人的第四个发明。

王明健的父亲是巴渝地区最有名的老中医，一生悬壶济世，以救济天下为己任，正是在他的影响下，王明健才投入了医学行业。杰西和王明健在闲暇时还去王明健父亲的医馆深入学习中国的传统方法，汲取中医的精华。

通过对针刺与艾灸进行了深入研究，杰西和王明健发明了一种可以缓解肺癌患者疼痛的新型针灸方法，杰西和王明健把它作为了两人的第五个发明。而且两人更是在王明健父亲的教导下创造了一种特殊的号脉方式，杰西和王明健把它作为了两人的第六个发明。杰西也创造了一种别开生面的药用推拿方法，杰西和王明健把它作为了两人的第七个发明。同时，在杰西和王明健的帮助下，王明健的父亲整合毕生的经历，发明一款了用于针灸治疗方法的仪器，这是王明健父亲的心血之作，这也就是第八个发明。

杰西和王明健准备把他们这一个阶段里的所有创造进行专利申请，包括三种在公司创办时候的发明创造和八种在肺癌领域的发明创造。

看着满满当当的成果，杰西和王明健喜笑颜开，可是天有不测风云，就在杰西和王明健准备申请专利的前夕，王明健的父亲发生了车祸意外死亡，王明健被这晴天霹雳打击到崩溃。杰西不断鼓励和安慰王明健，并且帮助王明健料理老爷子的身后事。在杰西的陪伴下，王明健打起精神，决心不能让父亲失望，要向父亲一样做一个悬壶济世，以医技普济众生的人，那么，首先就要将浓缩了父亲毕生所学的用于针灸治疗的仪器申请专利……

情景说法

杰西和王明健在公司创办时候的三种发明创造分别是（1）橄榄型的公司管理方法；（2）帮助大家进行头脑风暴的游戏规则和（3）一个既不伤和气又有积极效应的竞赛机制。

根据《专利法》第2条的明确规定："本法所称的发明创造是指发明、实用新型和外观设计。发明，是指对产品、方法或者其改进所提出的新的技术方案。实用新型，是指对产品的形状、构造或者其结合所提出的适于实用的新的技术方案。外观设计，是指对产品的形状、图案或者其结合以及色彩与形状、图案的结合所作出的富有美感并适于工业应用的新设计。"《专利法》第25条明确规定：对下列各项，不授予专利权：（1）科学发现；（2）智力活动的规则和方法；（3）疾病的诊断和治疗方法；（4）动物和植物品种；（5）用原子核变换方法获得的物质；（6）对平面印刷品的图案、色彩或者二者的结合作出的主要起标识作用的设计。"杰西和王明健在公司创办时候的三种发明创造皆属于智力活动的规则和方法，是不授予专利权的客体。

而杰西和王明健在公司创办时候的八种在肺癌领域的发明创造分别是：（1）特有的治疗方法；（2）植物新品种；（3）对该植物匹配发明了一套新的生产方法；（4）中药制品；（5）新型针灸方法；（6）特殊的号脉方式；（7）药用推拿方法；（8）用于针灸治疗方法的仪器。

首先，特有的治疗方法是杰西和王明健依赖于他们发现了的导致肺癌的特殊的遗传基因创造的，是对有生命的人直接诊断和治疗疾病的方法，是不授予专利权的客体。

其次，植物新品种，是不授予专利权的客体，但是对该植物匹配发明了一套新的生产方法是授予专利权的客体。

再次，中药制品是一类药品，是授予专利权的客体。

但是，新型针灸方法是疾病的诊断和治疗方法，治疗方法不能被据为己有，不属于授予专利权的客体。

最后，特殊的号脉方式也同样不属于授予专利权的客体，因为这些疾病的治疗方法目的是治疗疾病，不应当被部分人占有。药用推拿方法也是。

但是，王明健父亲所创造的用于针灸治疗方法的仪器是授予专利权的客体，可以申请专利。

除此之外，专利权是一种无形财产权，但它同样具有财产权的某些特性，即专利权人有权处置专利权，有权转让、赠与、许可他人使用其专利权，当专利权人死亡或者消失时，其法定继承人或者权利继受人享有继承该专利权的权利。根据《民法典》，王父死后王明健可以继承其父用于针灸治疗方法的仪器的专利申请权。

所以，不是所有的发明创造都可以申请专利权。

法条索引

《民法典》

第一千一百二十二条

遗产是自然人死亡时遗留的个人合法财产。

依照法律规定或者其性质不得继承的遗产，不得继承。

《专利法》

第二条

本法所称的发明创造是指发明、实用新型和外观设计。

发明，是指对产品、方法或者其改进所提出的新的技术方案。

实用新型，是指对产品的形状、构造或者其结合所提出的适于实用的新的技术方案。

外观设计，是指对产品的形状、图案或者其结合以及色彩与形状、图案的结合所作出的富有美感并适于工业应用的新设计。

第二十五条

对下列各项，不授予专利权：

（一）科学发现；

（二）智力活动的规则和方法；

（三）疾病的诊断和治疗方法；

（四）动物和植物品种；

（五）用原子核变换方法获得的物质；

（六）对平面印刷品的图案、色彩或者二者的结合作出的主要起标识作用的设计。

职务发明的专利权

在杰西和王明健的没日没夜的共同奋斗下，杂七杂八的事情统统解决好了，芬康莱医药公司一切都步入了正轨，一切都是完美的样子。活力满满的杰西继续之前的研究，在肺癌治疗的研究上收获满满，不到一年的时间里，终于研制出了最新型降压药，这款降压药是杰西当年在芬兰著名的合莱斯医药公司的时候，该公司分配给他的研制任务，杰西在辞职前没有研制出来，如今终于研制出来，这也算是了结了他的心愿。

而王明健根据中国的情况，跟杰西研究后着手准备研究更适宜亚洲人体质的药品，杰西摩拳擦掌跃跃欲试，一年后在公司里成功研发了一种新型消炎药。不仅如此，在业余时间里，杰西也毫无疲倦之感，每一个细胞都仿佛有着无限的创造动力，所以杰西不光在公司的上班时间里，在自己的业余时间，也研发出了缓解肺癌患者的疼痛之感的新型止痛药。在重庆九宫格火锅的启发之下，杰西还成功研发了一种新型医用镊子，喜出望外的杰西立刻打电话给王明健告诉这个好消息。

为了寻求保护，王明健决定把杰西的四个发明创造申请专利，但是王明健突然发现这四个发明，有的是杰西在公司里利用了公司物质技术条件研发出来的，但是也有的是杰西在家里研发出来的；有的是杰西上班时间做出来的，而有的却是杰西在业余时间所发明，这些发明的专利申请权都属于公司吗？王明健不禁陷入了沉思。

情景说法

在很多情况下，发明创造都是在高等院校、公司企业、政府机构，研究单位等机构里，利用机构提供的资金支持和物质技术条件支持下做出来的，那么发明创造的专利权申请权究竟属于发明人还是机构呢？这成为了很要紧的问题，而王明健现在就遇见了这个问题，他的纠结在于这四个发明的专利申请权是否属于芬康莱医药公司，杰西的发明创造属于职务发明吗？我们可以先分析一下四个发明创造的特点。

最新型降压药是杰西在芬兰著名合莱斯医药公司辞职后1年内完成的发明。

新型消炎药是杰西执行芬康莱医药公司的任务，且利用公司物质技术条件研发出来的药品。

新型止痛药是杰西利用业余时间研发出来的药品。

新型医用镊子是杰西未利用芬康莱医药公司物质技术条件研发出来的发明。

根据《专利法》第6条，如果职员是在做公司所安排的任务，或者该职员主要是利用了他所在单位的物质技术条件，从而完成了发明创造，那么这个发明创造是职务发明创造。职员的职务发明创造申请专利的权利是属于他所在的公司，而且申请被批准后，职员所在的单位是专利权人。

当然，如果不是职务发明创造，申请专利的权利自然而然属于发明人或者设计人，而且申请被批准后，该发明或者设计了这个专利的职员是专利权人，跟公司没有关系。

但是，除了这两种情况，也有优先的情况，那就是如果单位和职员有过约定，即便是利用单位的物质技术条件完成的发明创造，也不一定属于公司，而是按照公司和职员之间的约定来。

新型消炎药的研发是杰西执行芬康莱医药公司的任务，且利用芬康莱医药公司物质技术条件研发出来的药品，而且杰西和芬康莱医药公司并没有过约定，那么新型消炎药的专利申请权属于芬康莱医药公司。

同时，对于新型止痛药杰西在公司的本职工作就是做肺癌治疗的相关研究，而《专利法》所称执行本单位的任务所完成的职务发明创造，指的就是在本职工作中作出的发明创造，所以即便是杰西利用业余时间发明了新型止痛药，其专利申请权也属于芬康莱医药公司。

同理，杰西虽然没有利用公司的物质技术条件发明了新型医用镊子，而职务发明创造也包含了在履行本单位交付的本职工作之外的任务所作出的发明创造；新型医用镊子作为他的本职工作之一，其专利申请权也属于芬康莱医药公司。

对于最新型降压药，就比较复杂了，牵涉到了杰西的上一家公司。如果一个发明创造，是本人在退休、调离原单位后，或者劳动、人事关系终止后1年内作出的，而且这个发明创造还和本人在原单位承担的本职工作，或者就是原单位分配的任务有关，这个发明创造的专利申请权在原单位。

所以，杰西在辞职后1年内作出的发明创造，是其在芬兰著名的合莱斯医药公司承担的本职工作，而且是与其原单位合莱斯医药公司分配的任务有关的发明创造，虽然最新型降压药属于职务发明，但是其专利申请权在芬兰著名的合莱斯医药公司，而不是杰西和王明健所在的芬康莱医药公司。

《专利法》

第六条

执行本单位的任务或者主要是利用本单位的物质技术条件所完成的发明创造为职务发明创造。职务发明创造申请专利的权利属于该单位；申请被批准后，该单位为专利权人。

非职务发明创造，申请专利的权利属于发明人或者设计人；申请被批准后，该发明人或者设计人为专利权人。

利用本单位的物质技术条件所完成的发明创造，单位与发明人或者设计人订有合同，对申请专利的权利和专利权的归属作出约定的，从其约定。

《专利法实施细则》

第十二条

专利法第六条所称执行本单位的任务所完成的职务发明创造，是指：

（一）在本职工作中作出的发明创造；

（二）履行本单位交付的本职工作之外的任务所作出的发明创造；

（三）退休、调离原单位后或者劳动、人事关系终止后1年内作出的，与其在原单位承担的本职工作或者原单位分配的任务有关的发明创造。

专利法第六条所称本单位，包括临时工作单位；专利法第六条所称本单位的物质技术条件，是指本单位的资金、设备、零部件、原材料或者不对外公开的技术资料等。

合作发明的专利权

　　杰西和王明健创建了公司之后，共同研发了对肺癌的疼痛有所缓解的新的止痛药，同时也发明了消炎药和医用器械，杰西想将三者都申请专利以寻求保护，但是王明健却认为，可以将消炎药和医用器械申请专利，但是不同意对他们殚精竭虑所研发的新的止痛药申请专利，因为王明健觉得对于新的止痛药采取技术秘密保护更加合适。对于王明健的建议杰西并不赞同，杰西依旧想要去申请专利。

　　年底的时候，消炎药和医用器械的专利就申请了下来。接二连三的好事让公司每一位成员都很开心，杰西和王明健准备大办一场年会，邀请业界同僚一起来庆祝，并且寻找未来的发展机会。

年会上，杰西碰到了重庆另一家医药公司万寿堂医药公司的老总戚万方，戚万方也是心怀天下的医药人，决心要跟肺癌死磕到底，子子孙孙都会奋战在抗癌的第一线，杰西被戚万方的精神所感动，在没有告知王明健的情况下，便和万寿堂医药公司签订了合同，允许万寿堂医药公司独有制造新消炎药，造福人民，并且不允许其他人制造。

事后得知这个消息的王明健万般无奈，因为其已经决定要和润灵医药公司签订新消炎药的转让合同，王明健并不希望和万寿堂医药公司合作，但是杰西说出去的话覆水难收，王明健只能许可润灵医药公司实施医用器械的专利，所以润灵医药公司只能在规定范围内使用，不能干预芬康莱医药公司对该专利的使用。

情景说法

个人与个人之间，单位和单位之间，单位和个人之间相互合作是非常麻烦的事情，非常容易产生分歧。大家都为了某个发明创造贡献了自己的力量，所以每个人都有权来决定如何处置这个发明创造，但是如果没有提前的约定，就会产生不同的看法，在这种情况下应当听谁的？如何平衡大家之间的利益呢？这都需要按照法律的规定细细研究，理清楚相互之间的关系。

首先，对于新的止痛药，确实是杰西和王明健两者共同发明。根据我国《专利法》，两个以上的个人或者两个以上的单位，齐心合力完成的发明创造，除非大家之间另有协议，那么申请专利的权利是属于共同完成发明创造的单位或者个人；如果申请被批准了，那么申请的单位或者个人是专利权人。专利申请权由共同发明人也就是杰西和王明健共同享有，如果一方声明放弃其共有的专利申请权的，可以由另一方单独申请或者由其他各方共同申请。申请人取得专利权的，放弃专利申请权的一方可以免费实施该专利。但法律也有规定，合作开发的当事人一方不同意申请专利的，另一方或者其他各方不得申请专利。所以共同发明人之一的王明健不同意申请专利，杰西是无法申请专利的。如果杰西想要申请专利，只能说通王明健同意申请。

当然，如果王明健一气之下不跟杰西合作，转让其专利申请权，根据我国《合同法》的规定，如果是大家合作开发完成的发明创造，除非当事人之间另有约定，申请专利的权利是属于合作开发的当事人共有的，是大家共同拥有的。如果有一方想要转让他共有的专利申请权的，其他各方享有以同等条件优先受让的权利。所以杰西是有优先受让权的，这样得到王明健转让的专利申请权的杰西可以自己去申请专利，但是获得专利权后，放弃了专利申请权的王明健是可以免费实施该专利。

其次，对于新消炎药的专利权行使双方并没有约定，而杰西是在没有经过王明健的同意下，以"排他"许可方式许可了万寿堂医药公司实施新消炎药的专利，而其实杰西是没有权利订立这个合同的，在法律上叫作无权处分。

对于医用器械，《专利法》规定，专利申请权的行使，或者专利权的共有人对权利的行使而言，如果共有人之间是有约定的，就按照大家之间的约定来。如果大家没有约定，那就比较好办，每个人都可以单独实施，或者以普通许可方式许可他人实施该专利。但是要注意的是，如果是许可了他人也实施该专利，那么收取的使用费是应当在共有人之间分配的。在上述表达中，出现了"普通许可"，这个是专利的许可方式之一。专利的许可方式有普通许可、排他许可、独占许可三种方式，王明健以普通许可方式许可润灵医药公司实施医用器械的专利，被许可人润灵医药公司是无权许可他人实施该专利，而王明健可以继续其他形式的许可。

如果王明健以排他许可方式许可润灵医药公司实施医用器械的专利，除了王明健和被许可人润灵医药公司以外的任何人均不能实施医用器械的专利。如果王明健以独占许可方式许可润灵医药公司实施医用器械的专利，只有独占人润灵医药公司独家实施，王明健和其他人均不得实施该专利。

对于医用器械的专利权行使，双方同样没有约定，所以杰西和王明健任何一方都可以以"普通许可方式"许可润灵医药公司实施该专利，所以王明健的做法没有问题，只是王明健在此获得的报酬应当与杰西合理分配。

《专利法》

第八条

两个以上单位或者个人合作完成的发明创造、一个单位或者个人接受其他单位或者个人委托所完成的发明创造，除另有协议的以外，申请专利的权利属于完成或者共同完成的单位或者个人；申请被批准后，申请的单位或者个人为专利权人。

第十五条

专利申请权或者专利权的共有人对权利的行使有约定的，从其约定。没有约定的，共有人可以单独实施或者以普通许可方式许可他人实施该专利；许可他人实施该专利的，收取的使用费应当在共有人之间分配。

除前款规定的情形外，行使共有的专利申请权或者专利权应当取得全体共有人的同意。

《民法典》

第八百六十条

合作开发完成的发明创造，申请专利的权利属于合作开发的当事人共有；当事人一方转让其共有的专利申请权的，其他各方享有以同等条件优先受让的权利。但是，当事人另有约定的除外。

委托发明的专利权

　　杰西和王明健通过不懈努力在业界攒下了良好口碑，很多的医院和公司、企业想要和杰西和王明健创立的芬康莱医药公司合作。杰西和王明健经过接触和洽谈，决定接下三个委托项目。

　　万寿堂医药公司一直想更新其现在所用的医用镊子，委托芬康莱医药公司发明一个更加优化，更加顺手的新一代医用镊子。杰西和王明健欣然同意，并以芬康莱医药公司的名义和万寿堂医药公司签订了委托合同。芬康莱医药公司的研究人员没日没夜地工作，终按照万寿堂医药公司的要求在规定的时间内完成了对医用镊子的更新，创造性地发明了新一代医用镊子。

万寿堂医药公司拿到新一代医用镊子准备进行专利申请，但是杰西和王明健认为，这新一代医用镊子的专利申请权应属于芬康莱医药公司。芬康莱医药公司和万寿堂医药公司发生了争议，在查看了当时签订的委托合同后发现，当时双方在委托合同中没有约定申请专利的权利归属于谁，所以芬康莱医药公司和万寿堂医药公司陷入了非常尴尬的境地。

而润灵医药公司则更加欣赏的是杰西这个人，想和杰西有所合作，所以便委托杰西发明一种可以缓解肺癌患者并发症的药品。杰西不想辜负润灵医药公司的信任，同时也希望可以为芬康莱医药公司树立良好的形象，提前保质保量地完成了润灵医药公司交给的任务，发明了可以缓解肺癌患者并发症的药品。润灵医药公司非常震惊于杰西的速度，在拿到了可以缓解肺癌患者并发症的药品后准备对该药品进行专利权申请，而杰西则认为，该药品的专利权申请权在自己，而不是润灵医药公司。同样，当时润灵医药公司和杰西双方在委托合同中没有约定申请专利的权利归属于谁，所以润灵医药公司和杰西也陷入了非常尴尬的境地。

而杰西和王明健的芬康莱医药公司的最后一个委托项目是和健和医药公司合作创造一款可以缓解疼痛的特效药，是芬康莱医药公司与健和医药公司两方按照分工，分别承担可以缓解疼痛的特效药的不同成分的研究发明，同时由健和医药公司主要负责提供资金、设备、场地等物质条件，芬康莱医药公司主要负责特效药的研发活动。而当缓解疼痛的特效药研发出来后，芬康莱医药公司和健和医药公司也发生了争议，且双方在委托合同中同样没有约定申请专利的权利归属于谁。

情景说法

就委托发明来讲，委托方和受托方的权利义务比较复杂，对于发明创造的专利申请权，应双方应当在依照民法的规定订立书面的委托合同时就明确双方的权利、义务，以此来减少专利纠纷的发生。但是如果没有约定，则应当按照现有法律来分析申请专利的权利归属。

根据《专利法》第8条明确的规定，两个以上的个人或者两个以上的单位，齐心合力完成的发明创造，除非另有协议，否则申请专利的权利是属于共同完成发明创造的单位或者个人；如果申请被批准了，那么申请的单位或者个人是专利权人。

首先，对于芬康莱医药公司和万寿堂医药公司的纠纷，因为万寿堂医药公司是委托芬康莱医药公司来研发新一代医用镊子，委托发明的专利申请权和专利权归属，我国专利法和合同法均有规定，基本的思路是采取合同优先的原则，但是芬康莱医药公司和万寿堂医药公司在委托合同中没有约定申请专利的权利归属于谁，在这种情况下，法律作了对受托方更为有利的规定，那么一代医用镊子的专利申请权就属于芬康莱医药公司。

其次，对于润灵医药公司和杰西的纠纷，情况与芬康莱医药公司和万寿堂医药公司的纠纷相似，只不过受托方从公司变成了个人，但是法律同样是保护受托方，所以可以缓解肺癌患者并发症的药品的专利权申请权在杰西。

最后，对于芬康莱医药公司与健和医药公司的纠纷，因为两个公司是合作完成了对特效药的研发，完成发明创造的芬康莱医药公司与健和医药公司是合作发明人，而合作发明的专利申请权和专利权为合作发明人所共有，所以特效药的专利申请权由芬康莱医药公司与健和医药公司所共有。

法条索引

《民法典》

第八百五十九条

委托开发完成的发明创造，除法律另有规定或当事人另有约定外，申请专利的权利属于研究开发人。研究开发人取得专利权的，委托人可以依法实施该专利。

研究开发人转让专利申请权的，委托人享有以同等条件优先受让的权利。

《专利法》

第八条

两个以上单位或者个人合作完成的发明创造、一个单位或者个人接受其他单位或者个人委托所完成的发明创造，除另有协议的以外，申请专利的权利属于完成或者共同完成的单位或者个人；申请被批准后，申请的单位或者个人为专利权人。

专利的性质

　　在杰西和王明健的努力下，两人又发明了很多关于肺癌的药品和器械，其中最让他们骄傲的应该是两人发明的，可以减缓肺癌患者痛苦的专门的医疗器械，杰西和王明健决定立刻将其申请专利。

　　杰西于 2018 年 2 月 1 日来到国家专利局准备递交相关材料，但是由于着急和疏忽，杰西仅带了医疗器械的实用新型专利申请材料，而此时再回公司取材料，或者让同事送材料过来有点来不及，马马虎虎的杰西无奈之下决定先递交医疗器械的实用新型专利申请材料，等第二天再递交医疗器械的发明专利申请材料。

没办法，第二天，也就是 2018 年 2 月 2 日，杰西又跑了一次国家专利局，递交了医疗器械的发明专利申请材料。可是没想到的是，这次杰西是记得带上医疗器械的发明专利申请材料，提交了权利要求书、说明书、说明书附图、说明书摘要以及摘要附图，但是却遗漏了一张非常重要的说明书附图 1。

在初步审查阶段，初审审查员发出了补正通知书，指出说明书中写有对附图 1 的说明，但是说明书附图里缺少了该附图，要求芬康莱医药公司尽快按照有关要求补交附图。审查员解释说，如果芬康莱医药公司选择了补交，那么申请日是要有所变动的，申请日将会变为补交附图的那天。如果芬康莱医药公司补交附图的时候采用了邮寄的方式，那么寄出的邮戳日为申请日。如果芬康莱医药公司不想补交附图，也可以声明不要这个附图了，那么申请日不改变，还是原来的日子。针对初审审查员发出的补正通知书，杰西于 2018 年 2 月 4 日提交了补正书和说明书附图 1。因此初审审查员发出了重新确定申请日通知书，重新确定的申请日为 2018 年 2 月 4 日。而医疗器械的实用新型专利申请于 2019 年 2 月 1 日公布。

无端跑了几次专利局的杰西让王明健非常无奈，王明健叮嘱杰西以后可不能这样丢三落四的，这样是很浪费时间的。叮嘱完之后为表示对杰西的信任，王明健又让杰西去递交剩下的医用手术刀、医用镊子和特效药的发明专利申请材料。杰西这次出发前可是把医用手术刀、医用镊子和特效药的发明专利申请材料来来回回检查了六七遍，确保万无一失，才在 2018 年 2 月 20 日向专利局递交了医用手术刀、医用镊子和特效药的发明专利申请材料。

结果，随着审核发现，其竞争对手早就在 2018 年 2 月 1 日上交了一模一样的医用手术刀的专利申请，专利局审查过后，在 2019 年 2 月 5 日给了瑞通恒医药公司专利权，并且进行了公告。而且，瑞通恒医药公司在 2018 年 2 月 2 日，对同样的医用镊子进行了 PCT 国际申请（这是一种特有的专利申请方式，PCT 是《专利合作条约》（*Patent Cooperation Treaty*）的缩写，根据这种方式，专利申请人瑞通恒公司就可以递交国际专利申请，向多个国家申请专利），这个申请在 2019 年 3 月 1 日的时候在中国进行了公布。同时，瑞通恒医药公司还于 2018 年 2 月 3 日在美国申请特效药的发明专利申请，并于 2019 年 3 月 1 日得到了授权并且进行了公布。

得知这个消息的杰西整个人都懵了，根本不知道发生了什么，立刻给王明健打电话询问情况，王明健也是听得一头雾水，根本不知道发生了什么。

情景说法

很多人都不知道，并不是所有的发明创造都可以授予专利，专利权的客体分为发明、实用新型和外观设计，创造发明被授予专利权是需要满足实质条件。

对于专利权的发明和实用新型，应当具备新颖性、创造性和实用性。

新颖性，是指该发明或者实用新型不属于现有技术；也没有任何单位或者个人就同样的发明或者实用新型在申请日以前向国务院专利行政部门提出过申请，并记载在申请日以后公布的专利申请文件或者公告的专利文件中。而且也没有人正在就同样的技术，正在申请专利权。因为申请专利权的发明创造是需要一定时间来进行审核的，只有通过了审核授予了专利权，我们才说它是现有技术。所以新颖性一是不属于现有技术，二是不能有任何单位或者个人就同样的发明或者实用新型，在申请日以前向国务院专利行政部门提出过申请，并记载在申请日以后公布的专利申请文件或者公告的专利文件中。创造性，是指与现有技术相比，该发明具有突出的实质性特点和显著的进步，该实用新型具有实质性特点和进步。实用性，是指该发明或者实用新型能够制造或者使用，并且能够产生积极效果。现有技术，是指申请日以前在国内外为公众所知的技术。新颖性、创造性和实用性是授予专利权的发明和实用新型的实质条件。

而对于专利权的外观设计，应当不属于现有设计；也没有任何单位或者个人就同样的外观设计在申请日以前向国务院专利行政部门提出过申请，并记载在申请日以后公告的专利文件中。授予专利权的外观设计与现有设计或者现有设计特征的组合相比，应当具有明显区别。授予专利权的外观设计不得与他人在申请日以前已经取得的合法权利相冲突。

总之，发明和实用新型的可专利性首先在于其新颖性，也就是不属于现有技术且无抵触申请；其次在于其实用性，也就是能够制造或使用，并能够产生积极的效果；最后就是其创造性。而外观设计的可专利性首先在于新颖性；其次在于独创性；最后在于非冲突性。

除此之外，我们需要关注几个日子，也就是申请日，公布日（也称公开日）和授权公告日（也称公告日）。

申请日是从专利申请文件递交到国务院专利行政部门之日算起，它确定了提交申请时间的先后，在有相同内容的多个申请时，申请的先后决定了专利权授予谁。

公布日（也称**公开日**）是发明专利特有的。专利公开是发明专利申请所特有的一个程序，就是表明在这一天这个专利申请公开了，任何人都可以向专利局递交能够证明被公开专利申请不具备新颖性或创造性的材料，这样做的目的是利用社会公众力量来对专利申请进行审查。

授权公告日（也称**公告日**）是指专利部门作出授予专利权的决定，发给专利证书，同时予以登记和公告的日子。

首先，对于医疗器械，其发明专利申请日为 2018 年 2 月 4 日，而其实用新型专利申请日为 2018 年 2 月 1 日，公布日为 2019 年 2 月 1 日。因为医疗器械的实用新型专利申请对于医疗器械的发明专利申请而言，属于"抵触申请"，所以医疗器械的发明专利申请因为抵触申请的存在而缺乏了新颖性，不能被授予专利权。

其次，对于医用手术刀，其申请日为 2018 年 2 月 20 日，而瑞通恒医药公司对于同样的医用手术刀的申请日为 2018 年 2 月 1 日，公告日为 2019 年 2 月 5 日。所以瑞通恒医药公司的申请属于"抵触申请"，杰西和王明健的申请因为该抵触申请的存在，缺乏了新颖性，不能被授予专利权。

再次，对于医用镊子，其申请日为 2018 年 2 月 20 日，而瑞通恒公司在 2019 年 3 月 1 日对于镊子提出了国际申请，根据法律规定，国际申请日的时间就是其申请日。也就是 2018 年 2 月 2 日。所以瑞通恒医药公司的申请属于"抵触申请"，杰西和王明健的申请因为该抵触申请的存在，缺乏了新颖性，不能被授予专利权。

最后，对于特效药，其申请日为 2018 年 2 月 20 日，虽然瑞通恒医药公司对于同样的特效药的申请日为 2018 年 2 月 3 日，公告日为 2019 年 3 月 1 日，但是瑞通恒医药公司是向美国申请专利。因为专利权是有地域限制的，我国只保护在我国申请并获得专利权的专利，所以在美国申请专利的瑞通恒医药公司的申请不属于"抵触申请"，杰西和王明健的申请具有新颖性，可以被授予专利权。

法条索引

《专利法实施细则》

第四十条

实用新型和外观设计专利申请经初步审查没有发现驳回理由的，由国务院专利行政部门作出授予实用新型专利权或者外观设计专利权的决定，发给相应的专利证书，同时予以登记和公告。实用新型专利权和外观设计专利权自公告之日起生效。

《专利法》

第二十二条

授予专利权的发明和实用新型，应当具备新颖性、创造性和实用性。

新颖性，是指该发明或者实用新型不属于现有技术；也没有任何单位或者个人就同样的发明或者实用新型在申请日以前向国务院专利行政部门提出过申请，并记载在申请日以后公布的专利申请文件或者公告的专利文件中。

创造性，是指与现有技术相比，该发明具有突出的实质性特点和显著的进步，该实用新型具有实质性特点和进步。实用性，是指该发明或者实用新型能够制造或者使用，并且能够产生积极效果。本法所称现有技术，是指申请日以前在国内外为公众所知的技术。

第二十三条

授予专利权的外观设计，应当不属于现有设计；也没有任何单位或者个人就同样的外观设计在申请日以前向国务院专利行政部门提出过申请，并记载在申请日以后公告的专利文件中。

授予专利权的外观设计与现有设计或者现有设计特征的组合相比，应当具有明显区别。

授予专利权的外观设计不得与他人在申请日以前已经取得的合法权利相冲突。

专利权的地域性

　　杰西和王明健创立的芬康莱医药公司逐渐走入正轨，王明健准备和杰西回一趟芬兰，一是因为杰西当年走的时候过于匆忙，在芬兰的家中留下了一些与肺癌相关研究的材料和杰西用得比较顺手的仪器；二是因为王明健也是想来这个被联合国评为全球最幸福的国家看看，感受一下芬兰这个"小"国的"大"味道。

　　令两人没想到的是，在收拾和归置的时候，居然还有意外的惊喜。杰西和王明健在整理和分析资料的时候，发现了很多有意思的思路，两人通过讨论研究，发明了一款可以减少肺癌患者痛苦的止痛药，并在 2019 年 1 月 1 日的时候在芬兰提出了专利申请。在回到重庆后，杰西和王明健商量后准备将止痛药于中国进行量产推广，便抓紧时间在 2019 年 6 月 28 日到达中国后又在中国提出止痛药的专利申请，同时将两人创新发明的与止痛药配合使用的医疗机械也一起向国务院专利行政部门提出了申请。

但是机缘巧合之下，杰西和王明健发现润灵医药公司在 2019 年 1 月 1 日到 2019 年 6 月 28 日这段时间里，通过独立研发，居然也发明了止痛药，并做好了制造的准备。2019 年 10 月 28 日心急如焚的杰西和王明健微调了一下申请内容，又一次向国务院专利行政部门就医疗器械再次提出专利申请，并着手准备状告润灵医药公司构成侵权，而润灵医药公司则不以为意，并且说自己已经做好制造或者使用的必要准备，即便芬康莱医药公司真的拿到了专利权，自己仍可在原范围内继续制造或者使用止痛药。

情景说法

本次纠纷中涉及了专利申请的"优先权原则"。优先权原则作为"先申请原则"的延伸，分为国际优先权和国内优先权。

首先，对于止痛药，杰西和王明健于 2019 年 1 月 1 日在芬兰第一次就其发明止痛药提出了专利申请，在 2019 年 6 月 28 日，也就是 6 个月内，又在中国就相同主题，也就是止痛药，提出了专利申请。

这涉及的是国际优先权的规定，申请人如果在国外提起了专利申请，而该国和中国签订了协议，或者该国和中国共同参加了国际条约，抑或依照相互承认优先权的原则，申请人在国内的申请日是可以提前到其在国外提出申请的那个日子。但是，也是有一定限制的，对于发明或者实用新型，申请人需要在外国第一次提出专利申请之日起 12 个月内在国内提出申请，对于外观设计，申请人需要在外国第一次提出专利申请之日起六个月内在国内提出申请。所以，杰西和王明健是可以获得优先权，并被授予中国专利权的，而且可以将杰西和王明健在中国的专利申请日提前到其第一次在国外提出申请的专利申请日，也就是说获得了优先权的杰西和王明健在中国的申请日实际上是 2019 年 1 月 1 日。

其次，是国内优先权，对于发明或者实用新型，申请人如果在中国第一次提出专利申请之日起 12 个月内，如果需要增加或者改变申请的内容，又向国务院专利行政部门就相同主题提出专利申请的，后提出的申请可以享有优先权，也就是后提出的申请的申请日可以前提。所以，对于医疗器械，杰西和王明健于 2019 年 6 月 28 日在中国第一次就其发明医疗器械提出了专利申请，在 2019 年 10 月 28 日，也就是 4 个月内，又在中国就相同主题，也就是医疗器械，提出了专利申请，是可以享有优先权的，也就是说他们后提交的专利申请的申请日可以是第一次提交的医疗器械的申请日。

最后，对于润灵医药公司制造止痛药的行为，法律规定了先用权，即在专利申请日前已经制造相同产品、使用相同方法或者已经做好制造、使用的必要准备，并且仅在原有范围内继续制造、使用的，就不视为侵犯专利权。先用权是一种专利侵权的抗辩。如果润灵医药公司可以证明，在杰西和王明健的申请日之前，已经发明使用了该技术，那么在杰西和王明健获得专利授权后，润灵医药公司依旧可以在原有的规模范围内继续使用，润灵医药公司因为其所享有的先用权不构成侵权。

润灵医药公司同意做好准备的时间是 2019 年 1 月 1 日到 2019 年 6 月 28 日期间，而根据以上的分析，杰西和王明健获得医疗器械的专利权时间为 2019 年 1 月 1 日，那么润灵医药公司是不享有先用权的。

法条索引

《专利法》

第二十九条

申请人自发明或者实用新型在外国第一次提出专利申请之日起 12 个月内，或者自外观设计在外国第一次提出专利申请之日起 6 个月内，又在中国就相同主题提出专利申请的，依照该外国同中国签订的协议或者共同参加的国际条约，或者依照相互承认优先权的原则，可以享有优先权。

申请人自发明或者实用新型在中国第一次提出专利申请之日起 12 个月内，又向国务院专利行政部门就相同主题提出专利申请的，可以享有优先权。

第六十九条

有下列情形之一的，不视为侵犯专利权：

（一）专利产品或者依照专利方法直接获得的产品，由专利权人或者经其许可的单位、个人售出后，使用、许诺销售、销售、进口该产品的；

（二）在专利申请日前已经制造相同产品、使用相同方法或者已经作好制造、使用的必要准备，并且仅在原有范围内继续制造、使用的；

（三）临时通过中国领陆、领水、领空的外国运输工具，依照其所属国同中国签订的协议或者共同参加的国际条约，或者依照互惠原则，为运输工具自身需要而在其装置和设备中使用有关专利的；

（四）专为科学研究和实验而使用有关专利的；

（五）为提供行政审批所需要的信息，制造、使用、进口专利药品或者专利医疗器械的，以及专门为其制造、进口专利药品或者专利医疗器械的。

专利权的唯一性和专利交易

杰西的儿子加入了一家重庆的本土汽车生产公司志成汽车公司，跟同事们相处非常融洽的他在志成汽车公司干得风生水起，和同事们一起发明了许多的东西。

杰西的儿子和同事发明了一种全新的发动机部件，大大减少了油耗，同时也发明了一种新的蜂鸣器。杰西的儿子甚至取源灵感于芬兰的北极光美景，在方向盘套这一产品上同时设计了"北极光之夜"等12种类似的外观设计。

但是志成汽车公司因为资金链断裂，决定调整自己的战略决策。志成汽车公司经过缜密的思考后，决定将发动机部件的专利申请权转让给金亚汽车公司，同时申请新的蜂鸣器和 12 种类似的外观设计的专利权。

志成汽车公司与金亚汽车公司签订了书面合同以受让该部件的专利申请权。签订后，金亚汽车公司向国家知识产权局同时申请了发明专利和实用新型专利。但是志成汽车公司在提出蜂鸣器的专利申请之后，又因为之前的设计错误，需要召回自己曾经生产的一批有隐患的汽车方向盘，不得已之下，志成汽车公司将蜂鸣器的专利申请权转让给风逸汽车公司。

杰西的儿子非常喜欢志成汽车公司，虽然对于志成汽车公司的情况也万般无奈，但是他还是找到了自己的父亲杰西和王明健叔叔，咨询他们自己所在的志成汽车公司该如何是好呢？

情景说法

经过梳理发现，志成汽车公司现在手握三个发明创造和外观设计：第一个是发明创造，也就是发动机部件；第二个也是发明创造，是蜂鸣器；第三个是 12 种类似的外观设计。

首先，对于发动机部件来说，根据专利法规定，专利申请权和专利权是可以转让，但是必须要订立书面合同，并且向专利部门进行登记并公告，这样转让才能够生效。所以，即便签订了合同，并不意味着成功转让了专利申请权和专利权，还需要去国务院专利行政部门登记才能生效，所以志成汽车公司和金亚汽车公司的转让合同已经生效了，志成汽车公司已经将专利申请权转让给了金亚汽车公司，但是金亚汽车公司在登记并公告后，才能取得专利申请权。

金亚汽车公司向国家知识产权局同时申请了发明专利和实用新型专利，但是法律规定同样的发明创造只能授予一项专利权。因为发明创造的专利申请比起实用新型的专利申请要更加麻烦和严格，为了得到更好的保护，同一申请人可以在同日对同样的发明创造既申请实用新型专利又申请发明专利，而且也可先得到实用新型专利权，如果之后发明专利权也可以获得，申请人此时虽然先获得的实用新型专利权尚未终止，但是申请人可以声明放弃该实用新型专利权，然后可以授予发明专利权。这是"单一性原则"的例外，根据单一性原则，一个发明只能有一个申请，但是《专利法》第九条明确规定对单一性原则有了小小的突破，所以金亚汽车公司是可以同时提出发明专利申请和实用新型专利申请，只不过对于同一个发明创造仍然只能授予一个专利权。

其次，对于蜂鸣器，志成汽车公司是在提出专利申请之后才转让的专利申请权，所以一定要经过登记和公告，否则专利申请权不能发生转移。

最后，对于 12 种类似的外观设计，一件发明专利申请应当限于一项发明，一件实用新型专利申请应当限于一项实用新型。如果在一个总的发明构思下，发明了两项以上的发明或者实用新型，是可以作为一件申请提出的。同理，一件外观设计专利申请应当限于一项外观设计。同一产品两项以上的相似外观设计，或者用于同一类别并且成套出售或者使用的产品的两项以上外观设计，可以作为一件申请提出。这可以减少以后需要缴纳的专利年费，达到节约开支的目的，志成汽车公司可以将这 12 种类似的外观设计作为一件申请提出，因为本身而讲，它们属于同一个产品的两项以上的相似外观设计。

法条索引

《专利法》

第九条

同样的发明创造只能授予一项专利权。但是，同一申请人同日对同样的发明创造既申请实用新型专利又申请发明专利，先获得的实用新型专利权尚未终止，且申请人声明放弃该实用新型专利权的，可以授予发明专利权。

两个以上的申请人分别就同样的发明创造申请专利的，专利权授予最先申请的人。

第十条

专利申请权和专利权可以转让。

中国单位或者个人向外国人、外国企业或者外国其他组织转让专利申请权或者专利权的，应当依照有关法律、行政法规的规定办理手续。

转让专利申请权或者专利权的，当事人应当订立书面合同，并向国务院专利行政部门登记，由国务院专利行政部门予以公告。专利申请权或者专利权的转让自登记之日起生效。

第三十一条

一件发明或者实用新型专利申请应当限于一项发明或者实用新型。属于一个总的发明构思的两项以上的发明或者实用新型，可以作为一件申请提出。

一件外观设计专利申请应当限于一项外观设计。同一产品两项以上的相似外观设计，或者用于同一类别并且成套出售或者使用的产品的两项以上外观设计，可以作为一件申请提出。

准专利权人的保护

杰西和王明健的芬康莱医药公司发明不断，不久后又发明了减轻肺癌患者痛苦的医用工具，并在 2019 年 1 月 2 日向知识产权局提出了专利申请，知识产权局初审后在 2019 年 3 月 28 日公布。看着医用工具的专利权的申请步入正轨，杰西和王明健决定继续攻克下一个难关。但是，令杰西和王明健没有想到的是，他们的对手瑞通恒公司就在此时制造并销售医用工具。

得知这个情况的杰西和王明健心急如焚，而没有被授予专利权的杰西和王明健一方面催促知识产权局尽快审核；一方面请求瑞通恒医药公司支付适当使用费。孰料厚颜无耻的瑞通恒医药公司声称医用工具的专利权并没有被授予给杰西和王明健，一切都是八字没一撇。瑞通恒医药公司甚至质疑杰西和王明健的芬康莱医药公司是否是医用工具的真正的专利权人，因为医药工具的专利权是否可以审批下来还不确定。而且医用工具已经被公布，大家都知道了医用工具的制造方法，这已经不是秘密了，所以其拒绝支付适当使用费用。不仅如此，瑞通恒医药公司还将医用工具卖给了万寿堂医药公司，杰西和王明健不知道如何是好。

直到 2020 年 4 月 21 日，杰西和王明健才被授予专利权并且公告，杰西和王明健名正言顺地开始和瑞通恒医药公司"算账"，那么杰西和王明健应该怎么做，有哪些要注意的地方？

情景说法

从专利申请公布后到授予专利权的期间，专利技术已经是置于公众视野之下的，而这期间权利人并没有获得专利权，所以发明专利的申请被公布后，为了补偿申请人，申请人是可以要求实施了自己发明的单位或者个人，来支付适当的费用。所以，自 2019 年 3 月 28 日知识产权局公布医用工具到 2020 年 4 月 21 日获得专利权并公告，杰西和王明健有权请求实施其医用工具的瑞通恒医药公司支付适当的费用，来算作对杰西和王明健的补偿，不过因为此时段杰西和王明健并没有拿到专利权，所以这笔补偿款不能算是"侵权损害赔偿"。

因为 2019 年 3 月 28 日至 2020 年 4 月 21 日杰西和王明健并没有被授予专利权，瑞通恒医药公司的行为不构成对杰西和王明健民事权利的侵犯，而且瑞通恒医药公司所称的"这又不是侵犯了芬康莱医药公司的商业秘密"确实如此，因为医用工具已被公布，已经不能算作是商业秘密（不为公众所知悉、能为权利人带来经济利益，具有实用性并经权利人采取保密措施的技术信息和经营信息）。

但是如果就让瑞通恒医药公司如此占便宜确实有失公平，所以芬康莱医药公司有权请求瑞通恒医药公司支付适当的费用。

不过，如果瑞通恒医药公司拒绝支付适当费用，杰西和王明健又该怎么应对？法律规定，如果发生了专利申请权和专利权归属纠纷或者发明人、设计人资格纠纷，管理专利工作的部门应当事人请求，可以进行调解。瑞通恒医药公司拒绝支付后，杰西和王明健只能在专利权被授予后，也就是 2020 年 4 月 21日才能诉请瑞通恒医药公司支付或者请求管理专利工作的部门进行调解。

假如瑞通恒医药公司还是不配合，杰西和王明健可以考虑对其提起诉讼。法律明确规定了，发明专利申请公布后至专利权授予前使用该发明未支付适当使用费的，从专利权人得知或者应当得知他人使用其发明之日开始算起，专利权人要求支付使用费的诉讼时效为 2 年，但是，如果专利权人于专利权授予之日前即已得知或者应当得知的，自专利权授予之日起计算。杰西和王明健在医用工具专利权授予之日前既已得知瑞通恒医药公司的行为，所以杰西和王明健要求瑞通恒医药公司支付使用费的诉讼时效为 2 年，从专利权授予之日，也就是 2020 年 4 月 21 日起算。

那么，瑞通恒医药公司应当支付多少呢？法律规定，权利人诉请在发明专利申请公布日至授权公告日期间，实施该发明的单位或者个人支付适当费用的，人民法院可以参照有关专利许可使用费合理确定。所以人民法院可以参照有关专利许可使用费合理确定。

对于万寿堂医药公司，它在购买医用工具的时候并不知道瑞通恒医药公司的所作所为，杰西和王明健是否介意诉请万寿堂医药公司也承担侵犯专利权的责任呢？法律明确规定，在发明专利公告授权后，如果有人未经专利权人许可，为生产经营的目的，使用、许诺销售、销售在本条第一款（也就是上述条款）所称期间内已由他人制造、销售、进口的产品，但是却由他人已支付或者书面承诺支付了适当费用，权利人若是还就上述使用、许诺销售、销售行为向法院求助，请求法院支持自己提出的他人侵犯专利权的主张，此时因为权利人已经可以拿到适当的补偿了，人民法院就不予支持。如果瑞通恒医药公司已经支付或者书面承诺支付适当费用，那么芬康莱医药公司对于万寿堂医药公司的诉讼请求就不成立了。

《专利法》

第十三条

发明专利申请公布后，申请人可以要求实施其发明的单位或者个人支付适当的费用。

第六十八条

侵犯专利权的诉讼时效为 2 年，自专利权人或者利害关系人得知或者应当得知侵权行为之日起计算。

发明专利申请公布后至专利权授予前使用该发明未支付适当使用费的，专利权人要求支付使用费的诉讼时效为 2 年，自专利权人得知或者应当得知他人使用其发明之日起计算，但是，专利权人于专利权授予之日前即已得知或者应当得知的，自专利权授予之日起计算。

《专利法实施细则》

第八十五条

除专利法第六十条规定的外，管理专利工作的部门应当事人请求，可以对下列专利纠纷进行调解：

（一）专利申请权和专利权归属纠纷；

（二）发明人、设计人资格纠纷；

（三）职务发明创造的发明人、设计人的奖励和报酬纠纷；

（四）在发明专利申请公布后专利权授予前使用发明而未支付适当费用的纠纷；

（五）其他专利纠纷。

对于前款第（四）项所列的纠纷，当事人请求管理专利工作的部门调解的，应当在专利权被授予之后提出。

《最高人民法院关于审理侵犯专利权纠纷案件应用法律若干问题的解释（二）》

第十八条

权利人依据专利法第十三条诉请在发明专利申请公布日至授权公告日期间实施该发明的单位或者个人支付适当费用的，人民法院可以参照有关专利许可使用费合理确定。

发明专利申请公布时申请人请求保护的范围与发明专利公告授权时的专利权保护范围不一致，被诉技术方案均落入上述两种范围的，人民法院应当认定被告在前款所称期间内实施了该发明；被诉技术方案仅落入其中一种范围的，人民法院应当认定被告在前款所称期间内未实施该发明。

故事九

小小侵权引起专利权的无效

专利权的无效

杰西在芬兰的时候曾经生产制造了一种能缓解肺癌患者痛苦的新型药品，并且在芬兰的某次肺癌前沿治疗学术会议上进行了原理演示和成品展出，和奋战在抗癌第一线的研究人员进行了讨论和研究，并且将其刊登在了芬兰的一本科技杂志上。

杰西在芬康莱医药公司上班期间，偶然和王明健提到了这个药品，王明健发现这个药物比较小众，国内的出版物并没有公开过，中国的公众都不知道。商量后，杰西和王明健决定向中国申请发明专利，在提交了申请材料一段时间后，杰西和王明健被授予了新型药品的专利权。

在拿到了新型药品的专利权后，杰西和王明健寻找合作伙伴，在经过筛选和初步洽谈后，他们决定还是与万寿堂医药公司合作，决定仅由万寿堂医药公司来生产制造药品，以独占实施许可的方式转让新型药品的专利权。在独占许可下，只有万寿堂可以生产和销售这种药，芬康莱医药公司和其他的任何第三方都不得在中国制造和销售药品。然而在万寿堂医药公司在付完专利使用费后，在某次医药展销会上惊然发现润灵医药公司在展出该新型药品，气愤的万寿堂医药公司将润灵医药公司告上法庭。

在答辩期间，润灵医药公司主张杰西和王明健的新型药品的专利是无效的，请求专利复审委员会宣告该项专利无效。无辜的万寿堂医药公司也不甘示弱地要求杰西和王明健的芬康莱医药公司返还专利使用费。芬康莱医药公司该如何是好？

情景说法

本故事的疑问点集中在这么几个问题上：首先是新型药品的专利权是否有效；其次是万寿堂医药公司是否可以将润灵医药公司告上法庭，最后是万寿堂医药公司要求芬康莱医药公司返还专利使用费的要求是否合理。

首先，从专利部门公告授予专利权之日开始，如果任何人发现专利权不符合法律规定的，可以请求专利复审委员会宣告专利无效。被授予了的专利权是可以宣告无效的，那么新型药品在一开始申请的时候，是否符合授予专利权的条件呢？

我们知道，授予专利权的发明和实用新型，应当具备新颖性、创造性和实用性。新颖性，是指该发明或者实用新型不属于现有技术；而且也没有人正在就同样的技术，正在申请专利权。因为申请专利权的发明创造是需要一定时间来进行审核的，只有通过了审核授予了专利权，才能说是现有技术。所以新颖性一是不属于现有技术；二是不能有任何单位或者个人就同样的发明或者实用新型，在申请日以前向国务院专利行政部门提出过申请，并记载在申请日以后公布的专利申请文件或者公告的专利文件中。专利法所称的现有技术，是指申请日以前在国内外为公众所知的技术。

现有技术公开方式包括出版物公开、使用公开和以其他方式公开三种，而且《专利法》规定的新颖性标准为"世界新颖性"，同时只要通过现有技术公开方式使有关技术内容处于公众想得知就能够得知的状态，就构成使用公开，而不取决于是否有公众得知。也就是说即便中国公众并不知道新型药品，但是杰西在芬兰的时候，在某次肺癌前沿治疗学术会议上进行了原理演示和成品展出，并且将其刊登在了科技杂志上，这样已经构成使用公开，丧失了发明的"新颖性"，所以新型药品不符合授权条件，润灵医药公司可以请求专利复审委员会宣告该专利无效。

其次，根据《最高人民法院关于对诉前停止侵犯专利权行为适用法律问题的若干规定》第四条第（二）项明确规定，利害关系人应当提供有关专利实施许可合同及其在国务院专利行政部门备案的证明材料，未经备案的应当提交专利权人的证明，或者证明其享有权利的其他证据。排他实施许可合同的被许可人单独提出申请的，应当提交专利权人放弃申请的证明材料。万寿堂医药公司和芬康莱医药公司签订的是独占许可实施合同，有权不经专利权人的同意，直接以万寿堂医药公司自己的名义起诉润灵医药公司。

最后，如果发明和实用新型专利权被授予后，除了专利法另有其他规定，任何单位或者个人，在没有得到专利权人的许可，都不能实施这个专利，细讲也就是不能为了生产经营的目的（1）制造；（2）使用；（3）许诺销售；（4）销售；（5）进口专利产品，也不能使用这个专利产品背后的专利方法，以及使用、许诺销售、销售、进口依照该专利方法直接获得的产品。

同时，《专利法》第四十七条规定，如果专利权被宣告无效了，宣告无效的专利权视为自始即不存在。但是，对于宣告无效是会对其他方面有着很大的影响，比如说，在宣告专利权无效前人民法院作出并已执行的专利侵权的判决、调解书是否需要更正？再比如说，已经履行或者强制执行的专利侵权纠纷处理决定是否需要更改？特别是已经履行的专利实施许可合同和专利权转让合同又该如何是好？所幸法律对此有所规定，为了保证稳定性，宣告专利权无效的决定，对上述的决定等都不具有追溯力，也就是一切都按照原样来。但是因专利权人的恶意给他人造成的损失，应当给予赔偿。依照前款规定不用返还专利侵权赔偿金、专利使用费、专利权转让费，但明显违反公平原则的，应当全部或者部分返还。

虽然新型药品的专利权被宣告无效，对于万寿堂医药公司和杰西和王明健签订的已经履行的专利实施许可合同不具有溯及力（法的溯及力，指新法可否适用于其生效以前发生或正在发生的事件和行为，并对这些事件和行为法律上的效果发生面向过去和未来的影响。），根据第二款的规定，芬康莱医药公司不需要返还专利使用费用，但是芬康莱医药公司不返还专利费用对于万寿堂医药公司而言明显违反了公平原则，所以芬康莱医药公司应当全部或者部分返还专利使用费用。

法条索引

《专利法》

第十一条

发明和实用新型专利权被授予后，除本法另有规定的以外，任何单位或者个人未经专利权人许可，都不得实施其专利，即不得为生产经营目的制造、使用、许诺销售、销售、进口其专利产品，或者使用其专利方法以及使用、许诺销售、销售、进口依照该专利方法直接获得的产品。

外观设计专利权被授予后，任何单位或者个人未经专利权人许可，都不得实施其专利，即不得为生产经营目的制造、许诺销售、销售、进口其外观设计专利产品。

第二十二条

授予专利权的发明和实用新型，应当具备新颖性、创造性和实用性。

新颖性，是指该发明或者实用新型不属于现有技术；也没有任何单位或者个人就同样的发明或者实用新型在申请日以前向国务院专利行政部门提出过申请，并记载在申请日以后公布的专利申请文件或者公告的专利文件中。

创造性，是指与现有技术相比，该发明具有突出的实质性特点和显著的进步，该实用新型具有实质性特点和进步。实用性，是指该发明或者实用新型能够制造或者使用，并且能够产生积极效果。

本法所称现有技术，是指申请日以前在国内外为公众所知的技术。

第四十五条

自国务院专利行政部门公告授予专利权之日起，任何单位或者个人认为该专利权的授予不符合本法有关规定的，可以请求专利复审委员会宣告该专利权无效。

第四十七条

宣告无效的专利权视为自始即不存在。宣告专利权无效的决定，对在宣告专利权无效前人民法院作出并已执行的专利侵权的判决、调解书，已经履行或者强制执行的专利侵权纠纷处理决定，以及已经履行的专利实施许可合同和专利权转让合同，不具有追溯力。但是因专利权人的恶意给他人造成的损失，应当给予赔偿。

依照前款规定不返还专利侵权赔偿金、专利使用费、专利权转让费，明显违反公平原则的，应当全部或者部分返还。

《最高人民法院关于对诉前停止侵犯专利权行为适用法律问题的若干规定》

第四条

申请人提出申请时，应当提交下列证据：

（一）专利权人应当提交证明其专利权真实有效的文件，包括专利证书、权利要求书、说明书、专利年费交纳凭证。提出的申请涉及实用新型专利的，申请人应当提交国务院专利行政部门出具的检索报告。

（二）利害关系人应当提供有关专利实施许可合同及其在国务院专利行政部门备案的证明材料，未经备案的应当提交专利权人的证明，或者证明其享有权利的其他证据。

排他实施许可合同的被许可人单独提出申请的，应当提交专利权人放弃申请的证明材料。

专利财产权利的继承人应当提交已经继承或者正在继承的证据材料。

（三）提交证明被申请人正在实施或者即将实施侵犯其专利权的行为的证据，包括被控侵权产品以及专利技术与被控侵权产品技术特征对比材料等。

专利权的强制许可

在调研中，王明健发现芬康莱医药公司的对手瑞通恒医药公司 5 年前就已经进入了肺癌靶向治疗这个领域，而且已经产出了靶向治疗专用专业仪器。除此之外，瑞通恒医药公司发明创造了一个关于分离细胞的仪器和一个新型的显微镜，都已经于 4 年前取得了专利权。分离细胞的仪器很不错，但是因为公司战略调整，一直搁置并没有使用。而新型的显微镜非常优质，如今但凡想要进行靶向研究的公司都在使用该仪器。

芬康莱医药公司与瑞通恒医药公司接洽，并且花了一大笔钱学习了靶向治疗的相关技术，同时购买下了瑞通恒医药公司最自豪的发明，也就是靶向治疗专用专业仪器。但是，瑞通恒医药公司怕芬康莱医药公司超过自己，拒绝出售分离细胞的仪器和新型的显微镜给芬康莱医药公司。

如饥似渴地学习后的杰西和王明健投入了肺癌的靶向治疗的研究。不过杰西在使用这个靶向治疗专用专业仪器的时候却发现它用起来并不是很顺手，三五天就罢工一次，非常影响他俩研究的进度。两人狠下心来暂停了其他的研究，对靶向治疗专用专业仪器加以改进，没想到不但大大降低了故障率，而且降低了成本。喜出望外的杰西和王明健立刻将进化版的靶向治疗专用专业仪器，向中国提出专利申请，很快，芬康莱医药公司就取得了进化版靶向治疗专用专业仪器的专利权。

得知此事的瑞通恒医药公司非常不满，将芬康莱医药公司告上了法庭，主张自己的权利，瑞通恒医药公司认为杰西和王明健的芬康莱医药公司在没有得到自己的同意的情况下对仪器进行改进并申请专利，侵犯了自己的专利权。

情景说法

杰西和王明健的芬康莱医药公司想要解决面临的问题，需要使用"强制许可"这个武器，对专利权进行限制。强制许可分为防止专利权滥用的强制许可、为了公众利益的强制许可和交叉许可。本故事中出现了四个取得了专利权的发明创造：靶向治疗专用专业仪器、进化版靶向治疗专用专业仪器、分离细胞的仪器和一个新型的显微镜。

首先，对于靶向治疗专用专业仪器和进化版靶向治疗专用专业仪器来说，芬康莱医药公司与瑞通恒医药公司面临着一个异常尴尬的处境：芬康莱医药公司行使自己的进化版靶向治疗专用专业仪器专利权的时候，有赖于瑞通恒医药公司的发明的实施，所以芬康莱医药公司不得不获得瑞通恒医药公司的允许，否则就会侵犯瑞通恒医药公司的专利权。但是进化版靶向治疗专用专业仪器确实有了显著的经济意义，是有着重大技术进步的创造，如果禁止其使用，对于整个社会，甚至对于人类未来的发展来说都是不利的。

为了解决这个问题，法律规定了，如果一项取得专利权的发明或者实用新型，比起以前已经取得专利权的发明或者实用新型具有显著经济意义的重大技术进步，但是其实施又有赖于前一发明或者实用新型的实施的，国务院专利行政部门根据后一专利权人的申请，可以给予实施前一发明或者实用新型的强制许可。杰西和王明健的芬康莱医药公司可以申请获得实施瑞通恒医药公司的靶向治疗专用专业仪器的强制许可。

那么对于瑞通恒医药公司的利益又如何保护呢？如果给予了后申请人使用前申请人的专利的权利，那么在此情况下，国务院专利行政部门根据前一专利权人的申请，也可以给予实施后一发明或者实用新型的强制许可，这样对于前后两人来说，是互相共享对方的成果，是比较公平的。瑞通恒医药公司也可以申请获得芬康莱医药公司的专利权的强制许可，这就是交叉许可制度。

其次，对于分离细胞的仪器，于4年前就已经获得了专利权，如果专利权人自专利权被授予之日起满3年，且自提出专利申请之日起满4年，无正当理由未实施或者未充分实施其专利的，国务院专利行政部门根据具备实施条件的单位或者个人的申请，可以给予实施发明专利或者实用新型专利的强制许可，否则专利权人霸占着专利而不使用，这样是不利于社会和人类的发展的。因为瑞通恒医药公司的战略调整，分离细胞的仪器一直搁置未使用，那么杰西和王明健的芬康莱医药公司想要研究发展，是可以请求专利权人瑞通恒医药公司许可其实施专利，如果瑞通恒医药公司不同意，芬康莱医药公司是可以申请强制许可，因为瑞通恒医药公司其实是滥用了它的专利权。

最后，对于新型的显微镜，但凡想要进行靶向研究的公司都在使用该仪器，如果专利权人行使专利权的行为，有可能构成垄断行为，那么其他具备实施条件的单位或者个人是可以进行举报的，如果这个行为真的被认定成为垄断行为，那么国务院专利行政部门是可以根据这些人的申请，给予实施发明专利或者实用新型专利的强制许可。如果瑞通恒医药公司出售新型的显微镜的行为被认定为垄断行为，那么芬康莱医药公司也是可以申请强制许可，因为瑞通恒医药公司同样是滥用了他的专利权。

法条索引

《专利法》

第四十八条

有下列情形之一的，国务院专利行政部门根据具备实施条件的单位或者个人的申请，可以给予实施发明专利或者实用新型专利的强制许可：

（一）专利权人自专利权被授予之日起满3年，且自提出专利申请之日起满4年，无正当理由未实施或者未充分实施其专利的；

（二）专利权人行使专利权的行为被依法认定为垄断行为，为消除或者减少该行为对竞争产生的不利影响的。

第五十一条

一项取得专利权的发明或者实用新型比前已经取得专利权的发明或者实用新型具有显著经济意义的重大技术进步，其实施又有赖于前一发明或者实用新型的实施的，国务院专利行政部门根据后一专利权人的申请，可以给予实施前一发明或者实用新型的强制许可。

在依照前款规定给予实施强制许可的情形下，国务院专利行政部门根据前一专利权人的申请，也可以给予实施后一发明或者实用新型的强制许可。

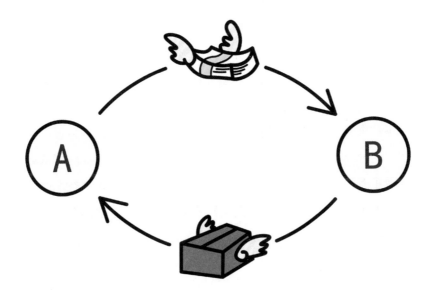

专利权用尽原则

　　杰西和王明健的芬康莱医药公司生产出了一款缓解肺癌患者痛苦的止痛药，将抗肺癌的阵线又推进了一大截。芬康莱医药公司将止痛药分别在芬兰和中国申请了专利，不久之后便获得了药品专利。杰西和王明健趁热打铁，立刻将止痛药分别在芬兰和中国两地进行了投产，药品高效保质地生产出来后，马上就投入销售。

　　芬康莱医药公司的老对手瑞通恒医药公司发现因为芬兰和中国的地理环境不同，原材料的价格大相径庭，所以导致同样的止痛药在芬兰卖 100 美元，但是在中国就要卖 150 美元，而瑞通恒医药公司在此嗅到了一丝"商机"。

因为止痛药在芬兰的售价比较便宜，瑞通恒医药公司便偷偷在芬兰购买了大量止痛药，然后卖到了中国，大赚价格差。

润灵医药公司则是选择私自利用芬康莱的专利信息在中国自己制作和销售止痛药。还有一家万寿堂医药公司被利益冲昏了头脑，决定就在芬兰大量仿冒该止痛药，并将仿冒该专利的止痛药进口到中国来销售。

纸是包不住火的，芬康莱医药公司在中国的售后服务中投诉呈现指数型暴增，杰西和王明健经过了细致的排查，发现市场上假货横行，抽丝剥茧后杰西和王明健发现了万寿堂医药公司制假贩假的行为。而随着深入调查，瑞通恒医药公司的大赚差价牟取暴利的行为和润灵医药公司的行为也水落石出，杰西和王明健面对这些情况不知道该如何是好。

情景说法

杰西和王明健认为瑞通恒医药公司、润灵医药公司和万寿堂医药公司的所作所为侵犯了芬康莱医药公司的专利权。但是这三个公司的情况还有所不同，究竟是否是侵权，芬康莱医药公司能得到什么保护还是需要好好深究一下。

不过，在我们分析研究之前，先要明白一个概念，也就是**专利权用尽原则**（patent exhaustion）。这是指专利权人自己或者许可他人制造的专利产品（包括依据专利方法直接获得的产品）被合法地投放市场后，任何人对该产品进行销售或使用，不再需要得到专利权人的许可或者授权，且不构成侵权。

换言之，专利产品经专利权人授权被首次销售后，专利权人即丧失对该专利产品进行再销售、使用的支配权和控制权。因此，专利权用尽，也被称为首次销售原则（first sale doctrine）。这一原则的核心是：在保护专利权人合法权益的前提下，维护正常的市场交易秩序，保护经营者和一般消费者的合法利益，便于贸易活动的正常开展，防止专利权对国内商品的市场流通造成阻碍。

首先，瑞通恒医药公司从芬兰购买止痛药并且进口到中国的行为，是否侵犯了芬康莱医药公司的专利权？根据《专利法》第六十九条第（一）项明确规定，如果专利产品或者依照专利方法直接获得的产品，由专利权人或者经其许可的单位、个人售出后，使用、许诺销售、销售、进口该产品的，是不视为侵犯专利权。杰西和王明健的芬康莱医药公司在芬兰已经制造并销售了止痛药，那么其专利权中的使用、销售、许诺销售权在芬兰已经被用尽了，那么瑞通恒医药公司在芬兰购买止痛药并且进口到中国的行为并非专利侵权行为。

其次，润灵医药公司在中国制造和销售同款止痛药的两个行为，根据《专利法》第六十九条第（一）项明确规定，制造权是不存在权利用尽的情形的，所以润灵医药公司擅自制造止痛药的行为侵犯了芬康莱医药公司的专利权。

再次，万寿堂医药公司在芬兰大量仿冒止痛药，并且进口到中国，对于芬康莱医药公司而言，其在止痛药上的专利权并没有用尽，万寿堂医药公司销售假货是不会使芬康莱医药公司用尽销售权的，所以万寿堂医药公司的所作所为侵犯了芬康莱医药公司的专利权。

最后，根据《最高人民法院关于审理侵犯专利权纠纷案件应用法律若干问题的解释（二）》第二十六条规定，如果被告就是侵犯了原告的专利权，权利人向法院寻求帮助，请求法院判令侵权人停止这个侵权的行为，法院应当支持。不过也有例外，那就是如果让侵权人停止侵权行为，会导致国家利益、公共利益受损，考量之下，人民法院是可以不判令被告停止被诉行为，只是判令其支付相应的合理费用。润灵医药公司和万寿堂医药公司的所作所为并不会对国家利益、公共利益产生影响，所以芬康莱医药公司可以请求润灵医药公司和万寿堂医药公司停止它们的侵权行为，如果它们继续侵权，芬康莱医药公司可以请求法院判令其停止侵权行为。

法条索引 ▶

《专利法》

第六十九条

有下列情形之一的，不视为侵犯专利权：

（一）专利产品或者依照专利方法直接获得的产品，由专利权人或者经其许可的单位、个人售出后，使用、许诺销售、销售、进口该产品的；

（二）在专利申请日前已经制造相同产品、使用相同方法或者已经作好制造、使用的必要准备，并且仅在原有范围内继续制造、使用的；

（三）临时通过中国领陆、领水、领空的外国运输工具，依照其所属国同中国签订的协议或者共同参加的国际条约，或者依照互惠原则，为运输工具自身需要而在其装置和设备中使用有关专利的；

（四）专为科学研究和实验而使用有关专利的；

（五）为提供行政审批所需要的信息，制造、使用、进口专利药品或者专利医疗器械的，以及专门为其制造、进口专利药品或者专利医疗器械的。

《最高人民法院关于审理侵犯专利权纠纷案件应用法律若干问题的解释（二）》

第二十六条

被告构成对专利权的侵犯，权利人请求判令其停止侵权行为的，人民法院应予支持，但基于国家利益、公共利益的考量，人民法院可以不判令被告停止被诉行为，而判令其支付相应的合理费用。

专利权的善意侵权

  杰西的老东家制造了非常好用的特效药，投入市场后获得了极大的成功，非常有效地控制住了肺癌的恶化。得知这一消息的杰西非常震惊，连夜飞回芬兰，拜访了自己的一位还在老东家就职的老友沙文（Savonen），告诉沙文自己想要研究特效药，希望沙文可以告知关于特效药的一些信息。沙文知道杰西就是一个科研痴，应该是真的只想改进特效药，并不会有别的想法，所以经过一番思想斗争后，沙文知无不尽地解答了杰西的问题，并且告诉杰西如果要进行深入研究，必须要用一款他们特有的专门的显微镜。杰西求沙文告知其说明书和原理图，已经做过思想斗争的沙文也大大方方地给予了杰西想要的一切。

芬康莱医药公司按照专门的显微镜的原理图制造了 5 台显微镜，拿到特效药和显微镜的杰西一头扎进特效药的研究之中。但是这次的研究没有之前那么顺利，他们投入了莫大的精力，也没有丝毫的大的进展。二人准备换个思路，准备在特效药的专利保护期到期后引进该药品，在中国生产制造该药品，以此来解决中国肺癌患者的燃眉之急，而特效药的更新换代等到以后时机成熟的时候再说。于是杰西和王明健的芬康莱医药公司进口了小部分该特效药，并报经药品监督管理局进行一系列的审批手续。

就在此时，老东家得知了杰西和王明健所做的一切，认为其已将该特效药在中国和芬兰申请了专利并获得了专利权，杰西和王明健侵犯了自己的专利权，便将杰西和王明健的芬康莱医药公司告上了法庭，控诉杰西和王明健不光擅自合成和进口特效药、仿制了一系列的研究工具，而且在特效药专利权保护期间未经过自己允许便进口该药品。面对如此情况，杰西和王明健不知道该如何是好。

情景说法

杰西和王明健的所作所为，无论是其擅自制造和进口特效药、仿制了一系列的研究工具的行为，还是其在特效药专利权保护期间进口该药品的行为，是否构成专利侵权需要进行细致的分析。

首先，杰西和王明健出于探究专利技术本身的原理，其动机是出于改进专利技术，从而才擅自制造和进口特效药，根据《专利法》第六十九条第（四）项明确规定：专为科学研究和实验而使用有关专利的，不视为侵犯专利权。杰西和王明健制造和进口特效药属于"专为"科学研究，不构成侵权。

但是，杰西和王明健为了改进特效药并且进行一系列的研究，按照专利原理图专门仿制了 5 台特有的专用的显微镜，这五台显微镜是老东家是为了科学研究而制造的产品，已经是产品了。所以制造显微镜的过程不属于将专利作为科学研究的工具和手段，且其制造行为并没有得到老东家的允许，所以杰西和王明健制造显微镜的行为属于侵权行为。那么，怎么来界定"专为科学研究和实验而使用有关专利"呢？

应当结合行为人自身的行为性质予以判断。如果，行为人是通过现有的专利技术来制造或使用他人的专利技术，用于自己的科学研究和实验，就是专为科学研究和实验而使用有关专利。如果行为人以他人已有科学研究或制造的产品最终用于科学研究，那么就应当视为侵权。

再次，杰西和王明健在特效药专利权保护期间进口该药品，用于行政审批，根据《专利法》第六十九条第（五）项明确规定，如果是为了提供行政审批所需要的信息，从而才制造、使用或者进口专利药品，或者专利器械，抑或者只是为了制造、进口专利药品或者专利医疗器械的，不算是专利侵权，因为这些专利的申请是需要很长时间的审批过程，如果等到专利权过了保护期限再申请，是会耽误很长一段时间。杰西和王明健的芬康莱医药公司进口了该特效药的行为并非是为了销售，所以不构成专利侵权。而这一抗辩起源于美国的判例，叫做 Bolar 抗辩。

法条索引

《专利法》

第六十九条

有下列情形之一的，不视为侵犯专利权：

（一）专利产品或者依照专利方法直接获得的产品，由专利权人或者经其许可的单位、个人售出后，使用、许诺销售、销售、进口该产品的；

（二）在专利申请日前已经制造相同产品、使用相同方法或者已经作好制造、使用的必要准备，并且仅在原有范围内继续制造、使用的；

（三）临时通过中国领陆、领水、领空的外国运输工具，依照其所属国同中国签订的协议或者共同参加的国际条约，或者依照互惠原则，为运输工具自身需要而在其装置和设备中使用有关专利的；

（四）专为科学研究和实验而使用有关专利的；

（五）为提供行政审批所需要的信息，制造、使用、进口专利药品或者专利医疗器械的，以及专门为其制造、进口专利药品或者专利医疗器械的。

专利侵权诉讼

近期，杰西和王明健的芬康莱医药公司发明了一种可以缓解肺癌患者并发症的药品，且获得了发明专利，同时也配套发明了注射药品的装备，也获得了实用新型专利。产品推出一段时间后，杰西和王明健想要去一线市场上接触病人，拿到第一手的用户反馈，从而看看是否还有改进的地方，于是二人就去参加了肺癌病友的一些茶话会。在交流中，却发现市场上有很多瑞通恒医药公司模仿制造和出售的自己的药品和装备。

"是的，这是赤裸裸的侵权。"王明健无奈且生气。此时的杰西和王明健已经没有心情继续参加茶话会，两人中途离席后到公司，准备着手起诉瑞通恒医药公司，要求其停止侵权，并且赔偿芬康莱医药公司的损失。

根据从网上搜索的资料，杰西和王明健在重庆市中级人民法院递交了符合要求的材料，等待法院的通知。在回家的路上，他们刚好碰上了出差暂留此地的老同学张大伟律师，好久没见面的三人决定晚上一起吃饭叙旧，闲聊间，朋友突然发现，芬康莱医药公司是可以提出更高的要求的。

三人又从头到尾梳理了一下事情的前因后果，真心认为之前提出的请求不是很合适。第二天，杰西和王明健就急急忙忙跑到法院，请求变更自己主张的要求，但是法院工作人员告诉他们，给他们提交证据的时间已经结束了，那么想要**变更主张**的芬康莱医药公司应该怎么办呢？

情景说法

首先，王明健不知道向哪个法院提起诉讼，这是法院的管辖权问题。根据《关于审理专利纠纷案件适用法律问题的若干规定》第二条的明确规定，专利纠纷第一审案件，应当是由中国各省、自治区、直辖市人民政府所在地的中级人民法院和最高人民法院指定的中级人民法院管辖。也就是两类法院有管辖权，而且符合要求的基层人民法院和中级人民法院都有权管辖，而重庆是中华人民共和国直辖市，所以王明健只要向重庆市的中级人民法院提起诉讼就可以。

其次，对于证明责任的分配，《专利法》第六十一条也有所规定，专利侵权纠纷涉及新产品制造方法的发明专利的，制造同样产品的单位或者个人应当提供其产品制造方法不同于专利方法的证明。专利侵权纠纷涉及实用新型专利或者外观设计专利的，人民法院或者管理专利工作的部门可以要求专利权人或者利害关系人出具由国务院专利行政部门对相关实用新型或者外观设计进行检索、分析和评价后作出的专利权评价报告，作为审理、处理专利侵权纠纷的证据。据此，证明责任的承担因专利权的客体不同而不同，新产品制造方法专利侵权的案件适用于举证责任倒置，而涉及实用新型或者外观设计专利的则有所不同。

举证责任是指，按照法律规定，原告和被告各自有自己的提供证据的任务，他们需要向法院提交不同的证据，如果哪一方不能进行举证，就由该方来承担不能就此举证的后果。而举证责任倒置则是指，将通常情形下本应由提出主张的一方当事人（一般是原告）就某种事由不负担举证责任，而由对方当事人（一般是被告）就某种事实存在或不存在承担举证责任，如果该方当事人不能就此举证证明，则推定原告的事实主张成立的一种举证责任分配制度。

所以，新产品制造方法专利侵权的案件中，制造同样产品的单位或者个人应当提供其产品制造方法不同于专利方法的证明，而不是由被侵犯了专利权的受害方来证明自己的专利权被人侵犯。

那么，对于药品，被控侵权人也就是瑞通恒医药公司需要承担证明责任，也就是要证明自己所用的制造方法和芬康莱医药公司所使用的方法不同。对于装备的证明责任，芬康莱医药公司有可能需要承担，如果人民法院或者管理专利工作的部门要求了，芬康莱医药公司则提交国家知识产权局出具的该专利书面评价报告即可。

再次，如果瑞通恒医药公司真的侵犯了芬康莱医药公司的专利权，那么就要确定一下侵权损害赔偿数额，根据《专利法》第六十五条的规定，如果侵犯专利权，其赔偿数额是要按照权利人因被侵权所受到的实际损失来确定；实际损失难以确定的，可以按照侵权人因侵权所获得的利益确定。权利人的损失或者侵权人获得的利益难以确定的，参照该专利许可使用费的倍数合理确定。赔偿数额还应当包括权利人为制止侵权行为所支付的合理开支。权利人的损失、侵权人获得的利益和专利许可使用费均难以确定的，人民法院可以根据专利权的类型、侵权行为的性质和情节等因素，确定给予1万元以上100万元以下的赔偿。据此可知侵犯专利权赔偿的数额的确定是有顺序性的。如果芬康莱医药公司可以确定瑞通恒医药公司给他们公司带来的实际损失，那么就按照实际损失来，如果无法确定，就看一下是否可以确定瑞通恒医药公司因为侵权所获得的利益，如果也无法确定，那么就参照专利许可使用费的倍数，如果这个也无法确定，那么就用最后一个确定方法，即1万元以上100万元以下的法定赔偿金。

最后，对于芬康莱医药公司想要在举证期届满后变更其主张的权利要求，根据《关于审理侵犯专利权纠纷案件应用法律若干问题的解释》第一条规定，人民法院应当根据权利人主张的权利要求，依据专利法第五十九条第一款的规定确定专利权的保护范围。权利人在一审法庭辩论终结前变更其主张的权利要求的，人民法院应当准许。据此，虽然举证期届满了，只要是在**一审法庭辩论终结**前，法律应当准许杰西和王明健的芬康莱医药公司所提出的变更其主张的权利要求。

法条索引

《关于审理侵犯专利权纠纷案件应用法律若干问题的解释》

第一条

人民法院应当根据权利人主张的权利要求，依据专利法第五十九条第一款的规定确定专利权的保护范围。权利人在一审法庭辩论终结前变更其主张的权利要求的，人民法院应当准许。

《关于审理专利纠纷案件适用法律问题的若干规定》

第二条

专利纠纷第一审案件，由各省、自治区、直辖市人民政府所在地的中级人民法院和最高人民法院指定的中级人民法院管辖。

最高人民法院根据实际情况，可以指定基层人民法院管辖第一审专利纠纷案件。

《专利法》

第六十一条

专利侵权纠纷涉及新产品制造方法的发明专利的，制造同样产品的单位或者个人应当提供其产品制造方法不同于专利方法的证明。

专利侵权纠纷涉及实用新型专利或者外观设计专利的，人民法院或者管理专利工作的部门可以要求专利权人或者利害关系人出具由国务院专利行政部门对相关实用新型或者外观设计进行检索、分析和评价后作出的专利权评价报告，作为审理、处理专利侵权纠纷的证据。

第六十五条

侵犯专利权的赔偿数额按照权利人因被侵权所受到的实际损失确定；实际损失难以确定的，可以按照侵权人因侵权所获得的利益确定。权利人的损失或者侵权人获得的利益难以确定的，参照该专利许可使用费的倍数合理确定。赔偿数额还应当包括权利人为制止侵权行为所支付的合理开支。

权利人的损失、侵权人获得的利益和专利许可使用费均难以确定的，人民法院可以根据专利权的类型、侵权行为的性质和情节等因素，确定给予一万元以上一百万元以下的赔偿。

商 标 法

从釜山到辽宁，细说海鲜大王拥抱商标法

钎城（Woo Sung）是一位韩国水手，在跑船的工作中，他发现中国大连的海产品质美价优，如果借助这一产品优势以及两地的地理优势发展贸易，一定有利可图，他敏锐地嗅到了商机。

萌生了这一想法之后，他便按捺不住激动的心情，辞去了船上的工作，选择彻底在异国他乡——大连扎根生活了。钎城虽然文化水平不是很高，但头脑灵活，为人又诚信踏实，经过十余年的发展，他在大连本地建立起了海产品养殖、加工、运输的完整生产链条，推出了以"嗨皮"为名的皮皮虾食品和"嗨参"为名的海参食品，或出口韩国，或在本地销售，在海产品市场占据了一定的市场份额，成了当地小有名气的韩国海鲜商人。

在创业期间，釬城认识了美丽的中国姑娘马菲菲，陷入爱河，恋爱两年后走进了婚姻殿堂。马菲菲虽然对海产品生意一窍不通，但作为韩国媳妇儿，她认识到了韩流文化对中国的格外影响，干脆就开了一家淘宝店专职做韩国护肤品代购，每天在微博上分享自己的护肤美妆心得，吸引了许多粉丝。夫妇二人都积极地经营着自己的事业，日子过得红红火火。

商标的注册

　　釪城的海鲜产品之所以能卖得这么好，他认为得归功于名字起得妙。与马菲菲一起历经了两天的头脑风暴，他们最终选择利用谐音作为海鲜的品牌名称，皮皮虾叫"嗨皮"，海参叫"嗨参"。在设计了字体和颜色后，这两个商标伴随着新鲜味美的海产品，走进了千家万户。

　　"嗨皮"和"嗨参"两种品牌的产品进入市场后，消费者不仅对质优价美的海产品给予了好评，也被这两个幽默形象的商品名称所吸引，自然销量喜人。特别是去年开始，"皮皮虾我们走"成了微博上经常使用的表情包，这居然对皮皮虾的销量也有带动。釪城开心之余，不禁也产生了隐隐的担心："如果有人模仿我们的产品名字怎么办？"他就盘算起将自己公司的"嗨皮"和"嗨参"注册为商标的事情。

马菲菲提醒道："成为注册商标，就可以获得法律的保护，也就意味着其他商品就不能跟我们用一样的名字。对了，你不是经常说现在的包装有点单调吗？要不然直接把皮皮虾和海参的立体形象也一起注册成商标印刷，让大家一下就能看出商品名与谐音有关。"釫城十分赞同。

而釫城作为一位外国人，他的外资企业该如何注册商标呢？他想将皮皮虾和海参的立体形象注册为商标的想法可以实现吗？

情景说法

本故事中釫城的困惑是非常具有代表性的。

首先我们应当厘清的问题是，釫城虽然是一位外国人，但是其海产品公司是在中国登记设立的外商投资有限责任公司，也就意味着在商标注册申请方面与一般的国内法人申请人无异。根据我国《商标法》的规定，申请商标注册可采取两种渠道：（1）自行办理；（2）委托依法设立的商标代理机构办理。如果该公司选择自行办理，则到需要携带（1）按照规定填写打印、并加盖申请人公章的《商标注册申请书》，（2）商标图样，（3）身份证明文件复印件，（4）经办人身份证复印件，到商标局注册大厅提交申请书。

如果该公司选择商标代理机构办理，根据《商标法实施条例》第八十四条的规定，该公司需要委托经工商行政管理部门登记从事商标代理业务的服务机构和从事商标代理业务的律师事务所，来具体负责商标注册申请的材料准备和提交工作。在提交注册申请之后，还会经历形式审查（约20日）、实质审查（约6～8个月）、初审公告（3个月）和领取注册证（约1个月）的环节，这两个商标就会成功成为注册商标，通常需要大概一年的时间。

其次，《商标法》中不仅规定了不能作为商标使用的标志，也规定了不能获得注册（但大多数可作为未注册商标使用）的标志。其中，不能作为商标使用的标志主要包括：（1）有损国家尊严、社会公共利益、善良风俗的（例如同国旗、国歌等）。例如五星红旗就不可作为商标使用。（2）县级以上行政区划的地名（集体商标、证明商标除外）。例如海淀不能作为商标使用，但"金华火腿"作为证明商标，由具有检测和监督能力的组织所控制，以证明产品的产地、质量等品质，这种情况下地名就可以出现在证明商标当中。（3）侵犯他人驰名商标的标识等情况。

而不能获得注册的标志则主要是缺乏显著性的标志、基于业务关系而恶意抢注的标志、违反先申请原则的标志等。其中基于业务关系而恶意抢注的标志主要指因业务关系或其他关系而明知是他人使用在先的商标，却在相同或同类商品上对该商标申请注册的情况；而违反先申请原则则是指两个或两个以上的商标注册申请人在同种或类似商品上，申请注册相同或近似的商标，则依次以申请在先、使用在先、双方协商、抽签为标准确定进行审定和公告的商标。

根据《商标法》第十二条的规定，釪城的第二个想法是无法实现的。皮皮虾和海参的立体形象因缺乏显著性，不可以注册为立体商标，但作为未注册商标使用是没有问题的，也就是说，可以将它们的立体形象印在包装上，但不可成为注册商标。

最后，假设釪城的公司是在中国没有营业场所的韩国公司，注册条件又会发生怎样的变化呢？《商标法》第十八条和《商标法实施条例》第五条就对这种情况作出了规定，如果是中国没有经常居所或营业所的外国人和外国企业，就无法自行实现注册商标申请，应当委托依法设立的商标代理机构办理。

法条索引

《商标法》

第十二条

以三维标志申请注册商标的，仅由商品自身的性质产生的形状、为获得技术效果而需有的商品形状或者使商品具有实质性价值的形状，不得注册。

第十五条

未经授权，代理人或者代表人以自己的名义将被代理人或者被代表人的商标进行注册，被代理人或者被代表人提出异议的，不予注册并禁止使用。

就同一种商品或者类似商品申请注册的商标与他人在先使用的未注册商标相同或者近似，申请人与该他人具有前款规定以外的合同、业务往来关系或者其他关系而明知该他人商标存在，该他人提出异议的，不予注册。

第十七条

外国人或者外国企业在中国申请商标注册的，应当按其所属国和中华人民共和国签订的协议或者共同参加的国际条约办理，或者按对等原则办理。

第十八条

申请商标注册或者办理其他商标事宜，可以自行办理，也可以委托依法设立的商标代理机构办理。

外国人或者外国企业在中国申请商标注册和办理其他商标事宜的，应当委托依法设立的商标代理机构办理。

《商标法实施条例》

第五条

当事人委托商标代理机构申请商标注册或者办理其他商标事宜，应当提交代理委托书。代理委托书应当载明代理内容及权限；外国人或者外国企业的代理委托书还应当载明委托人的国籍。

外国人或者外国企业的代理委托书及与其有关的证明文件的公证、认证手续，按照对等原则办理。

申请商标注册或者转让商标，商标注册申请人或者商标转让受让人为外国人或者外国企业的，应当在申请书中指定中国境内接收人负责接收商标局、商标评审委员会后继商标业务的法律文件。商标局、商标评审委员会后继商标业务的法律文件向中国境内接收人送达。

《商标法》第十八条所称外国人或者外国企业，是指在中国没有经常居所或者营业所的外国人或者外国企业。

第八十四条

商标法所称商标代理机构，包括经工商行政管理部门登记从事商标代理业务的服务机构和从事商标代理业务的律师事务所。

商标代理机构从事商标局、商标评审委员会主管的商标事宜代理业务的，应当按照下列规定向商标局备案：

（一）交验工商行政管理部门的登记证明文件或者司法行政部门批准设立律师事务所的证明文件并留存复印件；

（二）报送商标代理机构的名称、住所、负责人、联系方式等基本信息；

（三）报送商标代理从业人员名单及联系方式。

工商行政管理部门应当建立商标代理机构信用档案。商标代理机构违反商标法或者本条例规定的，由商标局或者商标评审委员会予以公开通报，并记入其信用档案。

什么是反向侵权

历时一年，"嗨皮"和"嗨参"成功获得了商标注册，但是这只是他保护自己产品之路的第一步。

一天，釪城在跟马菲菲一起逛"家和"超市准备做一顿浪漫的烛光晚餐，但是在超市里却发现这家超市的皮皮虾，从包装到产品摆放的样子都和自己的"嗨皮"一模一样，只除了原本应当印着"嗨皮"商标的地方印着"家和"的商标。在仔细观察中，他突然发现商标边缘有凸起，撕开一看才发现，原本包装袋商标的位置被剪开一个大窟窿，"家和"的商标是后来才贴上去的！

在询问了批发商之后，釪城几乎可以确定，这是家和超市在进了"嗨皮"的产品之后，将商标剪去又贴上了自己超市的标志。

釪城认为这是对"嗨皮"商标权的侵犯。然而在跟超市负责人交涉时，超市方却表示："我们并不是用自己粗制滥造的货品上面印了'嗨皮'的假商标，我们卖给消费者的是保质保量的商品，只不过换了个商标而已，这并不构成对商标权的侵权。"釪城听了非常生气，却一筹莫展，不知道这种情况在中国的《商标法》中是如何规定的呢？究竟是否构成侵权呢？

情景说法

根据《商标法》第五十七条的规定，"家和"超市的做法构成了对"嗨皮"商标权的侵犯。但是这属于日常生活中容易被我们忽略的一种情况，即**反向侵权**。

反向侵权是相对于正向侵权而言的概念，正向侵权的情况往往指生活中经常出现的假冒、仿冒商标，例如：康帅傅（原商标应为康师傅）、哇哈哈（娃哈哈）等，这种商标侵权的形态早已被社会公众所熟知。然而，随着经济社会的不断发展，商标侵权的形态也发生了多样的变化，反向侵权出现在人们面前，本故事就是反向侵权的典型情况：为了商业竞争的目的，擅自更换商品商标并投入市场对外销售。这种情况下，反向侵权人一般要承担停止侵权、损害赔偿等侵权责任。

反向侵权似乎不像正向侵权那么通俗易懂，有人会认为对于消费者来说，获得的商品质量实际上是没有区别的，所以持无所谓的态度。这种观点忽视了消费者具有的知情权，在这种情况下就表现为获得商品真实来源的权利。通过真实的商标来分辨、选购商品，避免消费者被虚假商标误导，这也是《商标法》的目的之一。

相对于对消费者而言，对商标权人的侵权更为明显和易于判断。从商标与商誉的关系看，商标只有使用在相关商品或服务上，才会为商标权人带来商誉，此时的商标权才是有价值的**财产性权利**。换句话说，商标权作为一项财产权，就是商标权人对于商标所承载的商誉而享有的权利。在本故事中，对这一皮皮虾商品感到满意，消费者们对"嗨皮"品牌的好感度就会增强，然而在被替换商标之后，消费者们就会误以为商品的生产厂家是"家和"超市，对"家和"这一商标更感兴趣，导致舒城公司所持有的"嗨皮"商标不为人知，商标的**财产性价值**就会减少，这自然构成了对商标权的侵犯。

反向侵权虽然并不像假冒、仿冒商标一样普遍，但生活中也大量存在。例如许多小区里的太阳能热水器，就会被贴上其他商标，会起到宣传自己、误导消费者的效果。即使不是商标权人，作为普通消费者的我们在平时也要擦亮眼睛，警惕反向侵权对我们的误导。

法条索引

《商标法》

第五十七条

有下列行为之一的，均侵犯注册商标所有权：

（一）未经商标注册人的许可，在同一种商品上使用与其注册商标相同的商标的；

（二）未经商标注册人的许可，在同一种商品上使用与其注册商标近似的商标，或者在类似商品上使用与其注册商标相同或者近似的商标，容易导致混淆的；

（三）销售侵犯注册商标专用权的商品的；

（四）伪造、擅自制造他人注册商标标识或者销售伪造、擅自制造的注册商标标识的；

（五）未经商标注册人同意，更换其注册商标并将该更换商标的商品又投入市场的；

（六）故意为侵犯他人商标专用权行为提供便利条件，帮助他人实施侵犯商标专用权行为的；

（七）给他人的注册商标专用权造成其他损害的。

善意销售商标侵权商品的法律责任

故事三

在淘宝上卖『正规』口红

也要赔偿？

随着大的电商平台对外国商品的宣传和直营，马菲菲的"菲菲韩国媳妇代购"小店的利润已经被大的电商平台压缩得很小了，要想长久的发展，还是要拓宽进货渠道。她将目光投向了一款最近微博上很火的国货"朵丽"品牌口红。在与"朵丽"化妆品公司签订了进货合同之后，这款口红在马菲菲的淘宝店上架销售，第一个月就销售一千多笔。

然而马菲菲没开心几天，事情就出现了转折。她和"朵丽"化妆品公司都收到了来自"洋娃娃"日化公司的律师函，声称"朵丽"口红上使用的"DOLLY"商标是该公司于 2013 年 11 月就已获得注册的商标，用于其公司的口红商品上，"朵丽"公司和"菲菲韩国媳妇代购"未经注册商标权人"洋娃娃"日化公司许可，擅自生产、销售了侵权商品，要求立即停止侵权行为、"朵丽"公司和马菲菲分别向其赔偿 50 万元、3 万元。

接到律师函的马菲菲可谓是六神无主、茫然失措。她可从未听说过这"洋娃娃"口红，也不知道这中间的商标纠纷究竟是怎么回事。她要按照律师函里说的一样做，将商品下架停止销售并向其支付 3 万元的损害赔偿吗？

情景说法

本案中马菲菲的问题，分析起来可以用"一个好消息，一个坏消息"来概括。

首先，如果律师函中表述的情况属实，由于"DOLLY"是"洋娃娃"日化公司用于口红商品的注册商标，"朵丽"化妆品公司在其口红商品上使用"DOLLY"商标就构成了对其商标专用权的侵犯，"朵丽"口红就是侵权商品，马菲菲销售侵权商品的行为也构成了对"洋娃娃"日化公司商标专用权的侵犯，这就是前述的坏消息一部分。

那么，当马菲菲的侵权行为性质被认定，是否就代表她要停止销售和支付赔偿了呢？

好消息是，根据《商标法》的规定，善意销售者是不需要承担赔偿责任的。马菲菲是法律上的"善意销售者"，也就是说她不知道该商品侵犯注册商标专用权，而且她能证明该商品是她合法取得，并说明提供者，在此情况下她无须承担赔偿责任，即 3 万元赔偿责任她不需要承担。另外，根据《商标法》第六十条第二款的规定，即使工商行政管理部门认定侵权行为成立，也不可对马菲菲这一善意销售者处以行政上的罚款。

然而即使不承担赔偿责任，马菲菲依旧需要承担停止侵权的责任，在本故事中就表现为将口红从淘宝店铺下架停止销售。

《商标法》中对于善意销售者的侵权责任的规定是较为宽容的，原因在于现实交易中，销售者在进货过程中很少审查商品的生产商、产地和权利是否完整。要求像本故事中马菲菲这样的普通商家对每一种出售商品的知识产权问题进行审查是不现实的，所以只要不明知侵权的销售者可以提供证据证明自己商品的合法取得途径和提供者，就仅需承担停止侵权的责任，而不承担赔偿责任。

法条索引

《商标法》

第六十条

有本法第五十七条所列侵犯注册商标专用权行为之一，引起纠纷的，由当事人协商解决；不愿协商或者协商不成的，商标注册人或者利害关系人可以向人民法院起诉，也可以请求工商行政管理部门处理。

工商行政管理部门处理时，认定侵权行为成立的，责令立即停止侵权行为，没收、销毁侵权商品和主要用于制造侵权商品、伪造注册商标标识的工具，违法经营额5万元以上的，可以处违法经营额五倍以下的罚款，没有违法经营额或者违法经营额不足5万元的，可以处25万元以下的罚款。对五年内实施两次以上商标侵权行为或者有其他严重情节的，应当从重处罚。销售不知道是侵犯注册商标专用权的商品，能证明该商品是自己合法取得并说明提供者的，由工商行政管理部门责令停止销售。

对侵犯商标专用权的赔偿数额的争议，当事人可以请求进行处理的工商行政管理部门调解，也可以依照《中华人民共和国民事诉讼法》向人民法院起诉。经工商行政管理部门调解，当事人未达成协议或者调解书生效后不履行的，当事人可以依照《中华人民共和国民事诉讼法》向人民法院起诉。

第六十四条

注册商标专用权人请求赔偿，被控侵权人以注册商标专用权人未使用注册商标提出抗辩的，人民法院可以要求注册商标专用权人提供此前3年内实际使用该注册商标的证据。注册商标专用权人不能证明此前3年内实际使用过该注册商标，也不能证明因侵权行为受到其他损失的，被控侵权人不承担赔偿责任。

销售不知道是侵犯注册商标专用权的商品，能证明该商品是自己合法取得并说明提供者的，不承担赔偿责任。

驰名商标

　　随着事业发展蒸蒸日上，釪城和马菲菲两口子也换了一套更宽敞、更舒适的大房子。一天，釪城在厨房里做菜。"老公！你是不是背着我在公司里做啤酒！"釪城一脸困惑地抬头，马菲菲拿着一瓶啤酒过来，他接过仔细一看，这啤酒上居然也印着"嗨皮"两个字，它也是"嗨皮"牌的！釪城陷入了沉思。

　　釪城在想，"嗨皮"已经是注册商标了，而这啤酒却和我的"嗨皮"牌皮皮虾同名，这是不是侵犯了我的注册商标专用权呢？虽然这啤酒和食品感觉好像有点儿不搭界，但刚刚马菲菲不也开玩笑说怀疑啤酒是我公司生产的吗？如果消费者也这么想，万一有一天这啤酒出现了食品安全问题，自然难免对同名的皮皮虾食品造成负面影响……钎城陷入了苦恼与困惑当中。

情景说法

要解决钎城的苦恼就要明确**驰名商标**的概念。

首先，根据《商标法》第五十七条的规定，啤酒在瓶身使用"嗨皮"标志是不构成对"嗨皮"食品的商标权侵权的。原因在于啤酒与食品是不相类似的商品，不属于同一类别，原则上不会导致消费者的混淆和误认。

但有一种商标例外，即认定侵权是不以在同类商品上使用为前提条件的，那就是驰名商标。根据《商标法》第十三条的规定，驰名商标就是指为相关公众所熟知的商标，分为未注册驰名商标和已注册驰名商标。对未注册驰名商标的保护较弱，仅限同类商品上不可使用相同商标，如果申请的话也不可获得注册；对已注册驰名商标保护较强，已注册的驰名商标可获得**跨类保护**，即不受商品种类限制。"嗨皮"是注册商标，若成为驰名商标即可获得跨类保护，啤酒上的"嗨皮"标志不仅不可能获得注册，而且也将被禁止使用。

那么，如何成为驰名商标呢？

首先根据《驰名商标认定和保护规定》第四条，驰名商标认定遵循个案认定、被动保护的原则，也就是说，除非当事人向商标局、商标评审委员会或在民事纠纷中向法院提出了认定驰名商标的请求，否则不会被主动审查是否为驰名商标。其次，根据《商标法》第十四条第一款的规定，商标局、商标评审委员会或法院需要根据相关公众对该商标的知晓程度、该商标的使用时间、宣传工作的持续时间、程度和地理范围等因素，来决定是否认定该商标为驰名商标。即使被在此次被认定为驰名商标，也只发生个案效力。假设"嗨皮"商标在本次诉讼中成功被法院认定为驰名商标，获得了跨类保护，但在下一次商标权纠纷诉讼中，商标权人要再次向法院请求认定"嗨皮"为驰名商标时，法院需要重新认定。

另外，值得注意的是，根据《商标法》第十四条第五款的规定，驰名商标字样也不得用于商品包装、广告宣传。

总之，舒城如果想要阻止这种啤酒使用"嗨皮"的标志，则可以向工商行政管理部门请求查处商标侵权行为或向法院起诉商标权侵权，并请求认定"嗨皮"为驰名商标，可获得跨类保护，啤酒厂家需承担停止侵害、销毁侵权物品、损害赔偿的侵权责任。但舒城不得将该驰名商标认定用于以后该商标的侵权纠纷中，也不可用于商品的包装和宣传。

法条索引

《商标法》

第十三条

为相关公众所熟知的商标，持有人认为其权利受到侵害时，可以依照本法规定请求驰名商标保护。

就相同或者类似商品申请注册的商标是复制、摹仿或者翻译他人未在中国注册的驰名商标，容易导致混淆的，不予注册并禁止使用。

就不相同或者不相类似商品申请注册的商标是复制、摹仿或者翻译他人已经在中国注册的驰名商标，误导公众，致使该驰名商标注册人的利益可能受到损害的，不予注册并禁止使用。

第十四条

驰名商标应当根据当事人的请求，作为处理涉及商标案件需要认定的事实进行认定。认定驰名商标应当考虑下列因素：

（一）相关公众对该商标的知晓程度；

（二）该商标使用的持续时间；

（三）该商标的任何宣传工作的持续时间、程度和地理范围；

（四）该商标作为驰名商标受保护的记录；

（五）该商标驰名的其他因素。

在商标注册审查、工商行政管理部门查处商标违法案件过程中，当事人依照本法第十三条规定主张权利的，商标局根据审查、处理案件的需要，可以对商标驰名情况作出认定。

在商标争议处理过程中，当事人依照本法第十三条规定主张权利的，商标评审委员会根据处理案件的需要，可以对商标驰名情况作出认定。

在商标民事、行政案件审理过程中，当事人依照本法第十三条规定主张权利的，最高人民法院指定的人民法院根据审理案件的需要，可以对商标驰名情况作出认定。

生产、经营者不得将"驰名商标"字样用于商品、商品包装或者容器上，或者用于广告宣传、展览以及其他商业活动中。

《驰名商标认定和保护规定》

第四条

驰名商标认定遵循个案认定、被动保护的原则。

商标许可

马菲菲边经营淘宝店边做微博做广告，也算半个美妆博主，而她的朋友王莎莎则是凭借自己的育儿经验成为了育儿博主，每天分享宝宝穿搭和日常点滴，并打算经营自己的童装小店。

王莎莎先成立了"莎莎"童装公司，决定与知名品牌合作，和它们合作生产专供自己销售的联名款。经过多方考察和市场调查，她最终决定和生产公司位于上海的"童嘻嘻"品牌童装签订商标普通使用许可合同，也就是说，"莎莎"童装公司生产的童装上使用"童嘻嘻"的商标，在吊牌上表明"莎莎"童装公司的名称和产地，同时上海"童嘻嘻"童装公司也将对"莎莎"公司的商品质量进行监督。一切都非常顺利,"童嘻嘻"童装不管是在线上还是线下都销量很好。

然而没过多久,王莎莎经就发现附近一家"乐淘"童装店面在售卖假冒"童嘻嘻"品牌的童装。王莎莎非常生气,直接去"乐淘"童装店与店主交涉,结果店主却不以为然,说有本事就让上海"童嘻嘻"童装总公司亲自来。王莎莎气愤离开,不知道自己的问题该怎样通过法律渠道解决。

情景说法

根据《商标法》的规定,对于"乐淘"童装店售卖侵权商品的行为,"童嘻嘻"**商标注册人**或**利害关系人**可以选择向人民法院起诉,或向工商行政部门请求处理。在这个故事中,问题的关键就在于,王莎莎的"莎莎"童装公司是否属于该法条中规定的"利害关系人"?"莎莎"童装公司是否可以单独向法院起诉侵权行为或向工商管理部门投诉请求立案?

是否可以单独起诉,要看商标使用人与商标权人签订的是何种商标使用许可合同。如果"莎莎"童装公司与"童嘻嘻"童装公司签订的是**独占使用许可**合同(即在约定时间内,"童嘻嘻"商标只可以被"莎莎"童装公司单独使用,"童嘻嘻"童装公司也不可以使用),那么"莎莎"童装公司就可以以自己的名义单独向法院提起诉讼或向工商管理部门投诉;如果签订的是排他使用许可合同(即在约定时间内,只有"童嘻嘻"童装公司和"莎莎"童装公司可以使用该商标),则"莎莎"公司应与"童嘻嘻"童装公司共同起诉或投诉,也可以在"童嘻嘻"童装公司不采取措施的情况下,自行起诉或投诉。

然而在本故事中,王莎莎和"童嘻嘻"童装公司签订的是商标普通使用许可合同,也就是说在合同约定期间内,"童嘻嘻"童装公司还可以许可其他人使用该商标,那么在这种情况下,如果没有特别授权,即在合同中特别约定授予"莎莎"公司单独提起诉讼或投诉的权利,那么王莎莎的"莎莎"童装公司是无法采取诉讼手段或行政手段获得救济的。

商标独占使用许可合同、排他使用许可合同和普通使用许可合同的区别通过这个例子就可以很明显地分辨出来。普通使用许可合同对许可方限制较小，自然被许可方拥有的权利就较少，除非在合同中有明确授权，否则原则上不属于前述的利害关系人，不具有单独向法院起诉或向工商行政管理部门投诉的权利。这提醒我们，在签订商标使用许可合同时，应该谨慎考虑自己需要通过合同获得的权利，否则只能像王莎莎一样，寻求商标注册人的帮助了。

法条索引

《商标法》

第四十三条

商标注册人可以通过签订商标使用许可合同，许可他人使用其注册商标。许可人应当监督被许可人使用其注册商标的商品质量。被许可人应当保证使用该注册商标的商品质量。经许可使用他人注册商标的，必须在使用该注册商标的商品上标明被许可人的名称和商品产地。许可他人使用其注册商标的，许可人应当将其商标使用许可报商标局备案，由商标局公告。商标使用许可未经备案不得对抗善意第三人。

第五十七条

有下列行为之一的，均属侵犯注册商标专用权：

（一）未经商标注册人的许可，在同一种商品上使用与其注册商标相同的商标的；

（二）未经商标注册人的许可，在同一种商品上使用与其注册商标近似的商标，或者在类似商品上使用与其注册商标相同或者近似的商标，容易导致混淆的；

（三）销售侵犯注册商标专用权的商品的；

（四）伪造、擅自制造他人注册商标标识或者销售伪造、擅自制造的注册商标标识的；

（五）未经商标注册人同意，更换其注册商标并将该更换商标的商品又投入市场的；

（六）故意为侵犯他人商标专用权行为提供便利条件，帮助他人实施侵犯商标专用权行为的；

（七）给他人的注册商标专用权造成其他损害的。

第六十条

有本法第五十七条所列侵犯注册商标专用权行为之一，引起纠纷的，由当事人协商解决；不愿协商或者协商不成的，商标注册人或者利害关系人可以向人民法院起诉，也可以请求工商行政管理部门处理。

工商行政管理部门处理时，认定侵权行为成立的，责令立即停止侵权行为，没收、销毁侵权商品和主要用于制造侵权商品、伪造注册商标标识的工具，违法经营额 5 万元以上的，可以处违法经营额 5 倍以下的罚款，没有违法经营额或者违法经营额不足 5 万元的，可以处 25 万元以下的罚款。对 5 年内实施两次以上商标侵权行为或者有其他严重情节的，应当从重处罚。销售不知道是侵犯注册商标专用权的商品，能证明该商品是自己合法取得并说明提供者的，由工商行政管理部门责令停止销售。

对侵犯商标专用权的赔偿数额的争议，当事人可以请求进行处理的工商行政管理部门调解，也可以依照《中华人民共和国民事诉讼法》向人民法院起诉。经工商行政管理部门调解，当事人未达成协议或者调解书生效后不履行的，当事人可以依照《中华人民共和国民事诉讼法》向人民法院起诉。

《最高人民法院关于审理商标民事纠纷案件适用法律若干问题的解释》

第三条

（一）独占使用许可，是指商标注册人在约定的期间、地域和以约定的方式，将该注册商标仅许可一个被许可人使用，商标注册人依约定不得使用该注册商标；

（二）排他使用许可，是指商标注册人在约定的期间、地域和以约定的方式，将该注册商标仅许可一个被许可人使用，商标注册人依约定可以使用该注册商标但不得另行许可他人使用该注册商标；

（三）普通使用许可，是指商标注册人在约定的期间、地域和以约定的方式，许可他人使用其注册商标，并可自行使用该注册商标和许可他人使用其注册商标。

第四条

商标法第五十三条规定的利害关系人，包括注册商标使用许可合同的被许可人、注册商标财产权利的合法继承人等。

在发生注册商标专用权被侵害时，独占使用许可合同的被许可人可以向人民法院提起诉讼；排他使用许可合同的被许可人可以和商标注册人共同起诉，也可以在商标注册人不起诉的情况下，自行提起诉讼；普通使用许可合同的被许可人经商标注册人明确授权，可以提起诉讼。

第十九条

商标使用许可合同未经备案的，不影响该许可合同的效力，但当事人另有约定的除外。商标使用许可合同未在商标局备案的，不得对抗善意第三人。

第二十条

注册商标的转让不影响转让前已经生效的商标使用许可合同的效力，但商标使用许可合同另有约定的除外。

故事六

在注册商标时插队

商标注册优先权

�城去工厂的时候，发现每次生产线上都会淘汰下来许多在重量和大小方面不符合标准的蛤蜊。这些蛤蜊新鲜味美，只是因为个头儿不够所以无法成为现在卖出的优质精选海鲜，只能挑出来给厂里的食堂煮汤，或者直接扔掉，实在是有些浪费。釦城思考后认为这些蛤蜊做成速食汤料，应该会有巨大的市场潜力。在经过多次的实验后，最终作出了成品，并准备办理相关的手续上市销售。因为自己是个韩国人，他和马菲菲决定将这一速食汤产品暂时取名为"韩大叔"。

釦城对"韩大叔"速食汤的口味非常自信，认为在韩国也会有很大的市场，所以计划要同时开辟"韩大叔"速食汤在中韩两国的市场，于是他先向韩国申请了"韩大叔"商标，四个月后又在中国提出了"韩大叔"的商标注册申请。然而，他的计划却被一个消息打断了。他得知，在中国有一个食品公司在两个月前就提起了食品类的"韩大叔"的商标注册申请。在产品推出之前就遇到困难，这令釪城十分沮丧，他还可以在中国获得"韩大叔"的商标吗？

情景说法

根据我国《商标法》的规定，釪城的情况完全可以利用注册商标申请的优先权原则来使自己实现商标注册路上"插队"的效果。

使用优先权原则，要满足三个条件：（1）要在国外第一次申请后的6个月内在中国提出申请，超过6个月就不能够行使优先权。（2）要在中国就相同商品以同一商标提出商标注册申请。例如本故事中釪城在韩国提起了速溶汤商品的"韩大叔"商标注册申请，在中国的商标申请就也应是速溶汤商品上的"韩大叔"商标，否则不能享有优先权。（3）第一次提出商标申请的所在国，应当与我国签订涉及优先权的协议，或者也参加了我国参加的规定了优先权的国际条约，或者与我国相互承认优先权。

在本故事中，釪城在四个月前先向韩国提出了食品上的"韩大叔"商标注册申请，又向中国提出了相同商品上"韩大叔"的商标注册申请。中国和韩国都是《保护工业产权巴黎公约》的成员国，也就是说，三个条件釪城都是满足的。那么接下来，釪城在"韩大叔"商标注册申请时需要注意的就是优先权并不能自动产生，而是需要他主动提出。他应当在提出商标注册申请的时候提出书面声明，即在申请书上填写初次申请国、申请日期、申请号等，并且在自申请之日起3个月内提交第一次提出的商标注册申请文件的副本，该副本应当经受理该申请的商标主管机关证明，并且注明申请日期和申请号。这样才能真正获得商标注册的优先权。

另外，《商标法》中还规定了国际展览会优先权，即商标如果在中国政府主办的或者承认的国际展览会展出的商品上首次使用的，从该商品展出之日起6个月内，该商标的注册申请人可以享有优先权。与前述优先权相似的是，这一优先权的行使也需要在提出商标注册申请的时候提出书面声明，并在3个月内提交展出其商品的展览会名称、在展出商品上使用该商标的证据、展出的日期等证明文件。

总之，舒城的问题依据商标注册优先权原则可以解决，他只需在主张优先权、准备资料上多加注意即可。

法条索引

《商标法》

第二十五条

商标注册申请人自其商标在外国第一次提出商标注册申请之日起6个月内，又在中国就相同商品以同一商标提出商标注册申请的，依照该外国同中国签订的协议或者共同参加的国际条约，或者按照相互承认优先权的原则，可以享有优先权。

依照前款要求优先权的，应当在提出商标注册申请的时候提出书面声明，并且在3个月内提交第一次提出的商标注册申请文件的副本；未提出书面声明或者逾期未提交商标注册申请文件副本的，视为未要求优先权。

第二十六条

商标在中国政府主办的或者承认的国际展览会展出的商品上首次使用的，自该商品展出之日起6个月内，该商标的注册申请人可以享有优先权。

依照前款要求优先权的，应当在提出商标注册申请的时候提出书面声明，并且在3个月内提交展出其商品的展览会名称、在展出商品上使用该商标的证据、展出日期等证明文件；未提出书面声明或者逾期未提交证明文件的，视为未要求优先权。

故事七　什么是先用权抗辩？

商标侵权的抗辩

　　"韩大叔"速溶汤成功注册商标后投入市场，受到消费者的一致好评。釸城也给一向关照自己的老张一家送去了几大箱。正好赶上在广州读书的儿子放暑假，老张大清早就给儿子烧了开水泡一杯。

　　"爸，这汤叫'韩大叔'？是釸城叔叔自己公司生产的？"儿子略带惊诧的声音打断了老张的唠叨。

　　"对啊，他公司自己想出来的创意，还注册了商标呢！"

　　"爸，这汤我在学校经常喝啊，就'韩大叔'的汤，学校超市就有卖的。"

"这孩子净瞎说，这汤刚刚在咱们本地上市，还没卖到广州呢。"

"真的！你别不信我！。"

随即儿子就拿出手机，真就在百度上找到了广州的"韩大叔"速溶汤的图片和相关介绍。资料里说，广州的"韩大叔"速溶汤在本地畅销多年，一直没有注册为商标。老张感觉有点不对劲儿，这得赶快提醒釪城，于是急忙打电话告诉釪城。

听完老张的话，釪城也陷入了困惑。公司现在是"韩大叔"速溶汤的商标权人，那么这个广州的"韩大叔"速溶汤是不是侵犯了我公司的商标专用权呢？

情景说法

根据《商标法》的规定，釪城的公司并没有权利禁止广州的"韩大叔"速溶汤生产厂家使用该商标。

大家容易感到困惑的是，广州的韩大叔的确是使用了釪城公司的注册商标，那么广州的"韩大叔"速溶汤生产厂家侵犯了"韩大叔"注册商标专用权是没有疑问的。那么为什么又说他不构成侵权且不会被禁止使用呢？

这是因为《商标法》还规定了先用权抗辩的情形。这种情况是指，商标注册人在申请商标注册之前，有其他人就已经在同一种商品或类似商品上先于商标注册人使用了与注册商标相同或近似并有一定影响的商标，那么此时注册商标的权利人就无权禁止该使用人在**原有使用范围内**继续使用该商标，但可以要求其附加适当的区别标志。

具体到这个故事中来分析，就是指广州的"韩大叔"速溶汤生产厂家在釪城申请注册"韩大叔"商标之前就已经开始在相同的商品——速溶汤上使用这个商标多年，而且这个商品在当地非常畅销，有一定的影响力。在这种情况下，如果直接禁止其使用，未免有些不近人情，毕竟它已经使用了这么久，且已经在一定范围内取得了消费者的认可。所以在这种情况下，我们就认为这种商标是值得保护的。也就是说，即使釪城后来取得了食品上的"韩大叔"商标专用权，只要广州的"韩大叔"速溶汤生产厂家在产品上附加适当的区别标志，例如添加其他图案，令消费者不至于发生混淆，且仍在原有的使用范围内（也就是速溶汤商品）继续使用，不在别的商品上使用，那么就不构成对钎城公司商标专用权的侵犯。

先用权抗辩原本是《专利法》中的一个抗辩权事由，自2013年后，在《商标法》中也得到了使用。这一条款对于在先使用却未注册的商标的保护是非常有意义的。但是应当注意的是，成为**注册商标**还是使商标获得全面保护的最佳途径。

法条索引

《商标法》

第五十九条

注册商标中含有的本商品的通用名称、图形、型号，或者直接表示商品的质量、主要原料、功能、用途、重量、数量及其他特点，或者含有的地名，注册商标专用权人无权禁止他人正当使用。

三维标志注册商标中含有的商品自身的性质产生的形状、为获得技术效果而需有的商品形状或者使商品具有实质性价值的形状，注册商标专用权人无权禁止他人正当使用。

商标注册人申请商标注册前，他人已经在同一种商品或者类似商品上先于商标注册人使用与注册商标相同或者近似并有一定影响的商标的，注册商标专用权人无权禁止该使用人在原使用范围内继续使用该商标，但可以要求其附加适当区别标识。

故事八 商标侵权的法律责任

假冒商标

　　钎城公司平静的一天被急促的电话铃打断了，是一位来"维权"的孙女士。

　　孙女士因为想着给儿子补补身体，就在小区门口的小超市买了"嗨参"产品回家给儿子吃，没想到当天晚上儿子就因为急性肠胃炎去医院挂了急诊，这会儿还在医院挂着点滴。钎城连忙让公司员工小王负责调查这件事。

　　小王装作小区居民的样子，佯装平常地去孙女士购买"嗨参"的那家小超市购买了相同的两袋"嗨参"商品带回公司。经过仔细检查发现，原来孙女士购买的"嗨参"产品根本不是出自钎城的公司！虽然从包装外观、商标印刷上看没有区别，但是里面的海参根本是以次充好、卫生条件不达标的劣等品。另外，通过调查供销记录发现，孙女士购买该产品的小超市从未跟釸城公司指定的经销商有过合作关系。

超市老板最终承认，他店里的"嗨参"并非来自正规渠道，而是从一个名为"福源海鲜"的小店进的，进价只是市场价格的1/3。这包装和上面的商标真是做得一模一样，釸城要怎样从商标权人的角度维护自己的权利呢？

情景说法

根据《商标法》的规定，这个故事中"福源海鲜"未经注册商标权人釸城公司的许可，擅自在相同的商品（也就是海参食品）上使用与釸城公司的注册商标相同的标志，是属于"假冒商标"的侵权行为。另外，销售这一侵权商品的小超市也构成了对"嗨参"商标权的侵犯。如果在这个故事中还存在明知这是侵权商品，却为其提供仓储、运输等服务的行为的话，那么这些故意为侵犯商标专用权行为提供便利条件的行为均构成了侵权。

那么对于商标专用权的侵权行为，釸城应该怎样维护自己的权利呢？

他可以选择两种渠道：（1）向侵权人所在地或侵权行为地的县级以上工商行政管理机关控告或检举。在本案中，釸城就可以向"福源海鲜"所在地和销售该侵权商品的小超市所在地的工商行政管理机关控告或检举。（2）直接向法院起诉。在本案中，侵权事实和侵权方都已经非常明确，所以釸城也可以直接选择向法院起诉"福源海鲜"和小超市的侵权行为。

而商标侵权的法律责任则可以分为三个部分，即行政责任、民事责任以及刑事责任。

其中行政责任主要包括：（1）责令停止侵权。具体措施包括责令立即停止销售；没收、销毁侵权商品和没收、销毁专门用于制造侵权商品、伪造注册商标标识的工具。（2）处以罚款。

民事责任主要包括要求侵权人立即停止侵权行为，赔偿损失。其中，侵权赔偿额为被侵权人在被侵权期间因被侵权所受到的损失，例如本案中舒城在被侵权期间受到的损失数额。如果实际损失数额难以确定，则可以按照侵权人因侵权所获得的利益确定，本案中就可按照"福源海鲜"和小超市的侵权获得的利益数额来确定。如果前二者都难以确定，就参照"嗨参"商标许可使用费的倍数合理确定。

除了行政责任和民事责任外，侵犯商标权还可能构成假冒注册商标罪、销售假冒注册商标的商品罪、非法制造注册商标标识罪、销售非法制造的注册商标标识罪。

舒城可以根据自己的情况，选择适合的法律手段来保护其公司的商标专用权。

法条索引

《商标法》

第六十一条

对侵犯注册商标专用权的行为，工商行政管理部门有权依法查处；涉嫌犯罪的，应当及时移送司法机关依法处理。

《刑　法》

第二百一十三条

未经注册商标所有人许可，在同一种商品上使用与其注册商标相同的商标，情节严重的，处3年以下有期徒刑或者拘役，并处或者单处罚金；情节特别严重的，处3年以上7年以下有期徒刑，并处罚金。

第二百一十四条

销售明知是假冒注册商标的商品，销售金额数额较大的，处3年以下有期徒刑或者拘役，并处或者单处罚金；销售金额数额巨大的，处3年以上 7 年以下有期徒刑，并处罚金。

第二百一十五条

伪造、擅自制造他人注册商标标识或者销售伪造、擅自制造的注册商标标识，情节严重的，处 3 年以下有期徒刑、拘役或者管制，并处或者单处罚金；情节特别严重的，处 3 年以上 7 年以下有期徒刑，并处罚金。

商 业 秘 密

　　费楠德（Ferdinand）出生在人间天堂杭州，家境殷实，对商业有着浓厚兴趣，大学毕业之后选择了去墨尔本大学的商科学院继续深造。江波（Jacob）也出生在杭州，但家境贫寒。不过经过刻苦努力，他终于拿到了墨尔本大学的全额奖学金，攻读电气设备相关专业。因为来自同一个地方，两人在异国他乡成为了形影不离的好朋友，毕业时，经过费楠德的提议，加上杭州对于青年创业对支持政策，两人决定一起创立墨润科公司，双剑合璧，技术加营销双推进，相信一定可以把生意做得红红火火。

　　有决心和志气是好的，但是开公司有这么简单吗？纷繁复杂的社会需要打理方方面面的关系，两个充满书生气的年轻人真的可以做出一番事业吗？

商业秘密的种类

　　费楠德与江波一回到杭州就如火如荼地操办了起来，江波的创造非常重要，费楠德的管理宣传工作也必不可少。而且费楠德也十分注重江波创造成果的保密工作，一方面不断地嘱咐江波对数据的保密，另一方面在员工的劳动合同里加入了保护商业秘密条款。

　　为了推出新产品，王刚带领宣传部成员一起整理了众多成功的宣传文案，撰写了墨润科公司的宣传文案；并联系到了几家展销会，允许墨润科公司宣传其产品……

　　创业初期的艰难是肉眼可见的，员工周嫣然实在是受不了如此大的压力，向费楠德递交了辞呈。费楠德虽有不舍，但也非常理解，同意了周嫣然的辞职，并给她包了一个大红包算作这段时间的补偿。

在准备工作即将完成之时，大家都以为可以稍作休息，却传来了噩耗，墨东公司的活动方案竟然与墨润科公司的一模一样，并且先于它们公布出来。

"我们应该是被人背后捅刀子了，"费楠德难受地闭上了眼睛，"一定是周嫣然，是她泄露我们的文案，泄露了我们的策划，泄露了我们的一切！"

情景说法

根据《反不正当竞争法》第十条的规定，商业秘密一般是指不为公众所知悉、能为权利人带来经济利益、具有实用性并经权利人采取保密措施的技术信息和经营信息。通过江波与费楠德的谈话可知，费楠德知晓商业秘密的存在，并对其有保护意识，但他仅对技术信息等常见的商业秘密有所感知，而忽视了**经营秘密**这一大类。

商业秘密有两大类，其中一类是技术信息，包括但不限于设计图纸（含草图）、试验结果和试验记录、工艺、配方、样品、数据、计算机程序、设计、程序、产品配方、制作工艺、制作方法等。技术信息可以是有特定的完整的技术内容，构成一项产品、工艺、材料及其改进的技术方案，也可以是某一产品、工艺、材料等技术或产品中的部分技术要素，也就是费楠德不断嘱咐江波需要多加小心的部分。

另一类是经营信息，只要是具有自己独有的特殊性且可以为公司带来利益价值的，都可算为经营信息秘密，包括但不限于管理诀窍、客户名单、货源情报、产销策略、招投标中的标底及标书内容、公司独有的销售技巧或谈判方式等信息。费楠德所忽视并被周嫣然和墨东公司所使用的信息就是墨润科公司的经营信息。经营信息涉及面很广泛，除了可以正向列举的以外，还有很多经营信息会被人忽视，比如江波和市场宣传部通过融合和归纳几个其他的公司的信息而创造的组合信息，也是商业秘密的一部分。

《反不正当竞争法》

第十条

本条所称的商业秘密,是指不为公众所知悉、能为权利人带来经济利益、具有实用性并经权利人采取保密措施的技术信息和经营信息。

《江苏省高级人民法院关于审理商业秘密案件有关问题的意见》

第八条

利用公知信息形成的特色组合,作为整体可以获得商业秘密保护。但在审查商业秘密要件时,应从严掌握。

《最高人民法院关于审理技术合同纠纷案件适用法律若干问题的解释》

第一条

技术信息可以是有特定的完整的技术内容,构成一项产品、工艺、材料及其改进的技术方案,也可以是某一产品、工艺、材料等技术或产品中的部分技术要素。

《关于禁止侵犯商业秘密行为的若干规定》

第二条第五款

本规定所称技术信息和经营信息,包括设计、程序、产品配方、制作工艺、制作方法、管理诀窍、客户名单、货源情报、产销策略、招投标中的标底及标书内容等信息。

故事二

如何辨别商业秘密？

商业秘密的构成要件

费楠德从哪里跌倒就从哪里站起来。但凡是有可能成为墨润科公司的潜在客户的企业，费楠德就收集其联系方式和地址，并将其整理在自己的客户名单中，一家一家地拜访，询问客户们的真正的需求和问题。客户名单上的客户数量最终达到了上百家。除此之外，客户名单上的信息量从仅仅有一些公司名称、联系方式和联系地址，不断扩充完善，甚至拥有了客户的采购偏好、部分项目的负责人员及联系方式、价格倾向、交易习惯等重要的营销信息。

看着费楠德这么干劲十足，江波也不甘示弱，技术部也捷报频频。江波和自己的技术团队，通过总览了所涉及领域的现有情况，加以改进创新，并为了贴合自己客户的要求，改善技术成果，博得了客户的赞誉。在费楠德和江波的努力下，各类客户对墨润科赞不绝口，甚至还推荐了其余的合作伙伴来与墨润科公司合作。

春去秋来，墨润科公司在行业内树立起来了良好的口碑，而江波与费楠德戒骄戒躁，确保公司核心经营信息和技术信息的安全，希望墨润科公司可以在这个没有硝烟的战场上披荆斩棘。

情景说法

根据《反不正当竞争法》第十条可知，商业秘密的构成要件有三个：

第一，商业秘密必须具有秘密性，即必须不为公众所知悉。如果该信息为其所属技术或者经济领域的人的一般常识或者行业惯例；该信息仅涉及产品的尺寸、结构、材料、部件的简单组合等内容，进入市场后相关公众通过观察产品即可直接获得；该信息已经在公开出版物或者其他媒体上公开披露；该信息已通过公开的报告会、展览等方式公开；该信息从其他公开渠道可以获得；或该信息无须付出一定的代价而容易获得，则不算是商业秘密。

在判断商业秘密的秘密性的时候，可以通过寻找该信息的"秘密点"。秘密点是与公知信息不同的区别点，对于技术信息而言，一般是由现有技术（公知技术）和特有技术（区别点）共同构成，而特有技术就是秘密点。比如江波通过总览了所涉及领域的现有情况，加以改进创新，贴合自己客户的要求，改善技术成果，江波总览的领域中的现有情况就是现有的公知技术，而其创新和改善就是公司的特有技术，也就是商业秘密的秘密点。

第二，商业秘密必须具有价值性，即能为权利人带来经济利益、具有实用性。错误的信息，或者是过时的信息，并不能为企业带来利益，无法提升企业的竞争优势，是无用的信息，并不值得保护。

第三，商业秘密须具有保密性，即采纳了或实施了合理的保密措施。

需要注意的是，并非所有的客户名单都是商业秘密，如果是很容易就可以得到的客户的联系方式或姓名等，并不能作为公司的商业秘密。而费楠德所收集和整理归纳的客户名单，确实是墨润科公司的商业秘密，因为其不仅仅包含了随便即可查到的住址、联系方式等客户信息，费楠德还花费了极大的人力财力物力，通过不断扩充完善客户名单，拥有了客户的采购偏好、负责人员、价格倾向、交易习惯等一系列信息，形成了在一定期间内相对固定的且具有独特性的交易习惯，这些都是区别于相关公知信息的特殊客户信息，是墨润科公司的商业秘密。

法条索引

《最高人民法院关于审理不正当竞争民事案件应用法律若干问题
的解释》

第十条

有关信息具有现实的或者潜在的商业价值，能为权利人带来竞争优势的，应当认定为反不正当竞争法第十条第三款规定的"能为权利人带来经济利益、具有实用性"。

《最高人民法院关于审理不正当竞争民事案件应用法律若干问题
的解释》

第十三条

商业秘密中的客户名单，一般是指客户的名称、地址、联系方式以及交易的习惯、意向、内容等构成的区别于相关公知信息的特殊客户信息，包括汇集众多客户的客户名册，以及保持长期稳定交易关系的特定客户。

《江苏省高级人民法院关于审理商业秘密案件有关问题的意见》

第九条

权利人经过相当的努力，形成了在一定期间内相对固定的且具有独特交易习惯等内容的客户名单，可以获得商业秘密保护。

前款所称的努力，通常是指权利人所作的人、财、物和时间等的投入。仅以公开出版物中的单位名录不能对抗客户名单的秘密性。

商业秘密的两性

　　为了改善办公室环境，江波和费楠德决定为公司购买一整套除湿装备，最终选择了辉丰公司的"专利"产品。双方在买卖合同中约定了，如若该产品无效，或者除湿的效果达不到约定的标准，辉丰公司需退还已付货款，且需要拆除该设备，并且恢复办公室原样。而除湿器的一切相关装卸必须由辉丰公司来完成，装卸费用由辉丰公司自付。

　　经过了一周的安装，大家都以为以后可以清爽地上班了，可经过了几天的实际使用，才发现这款除湿器并无用处，甚至变成了"加湿器"。费楠德联系了辉丰公司，要求其即刻拆除这些装备。辉丰公司虽然口头答应，却迟迟没有派人进行实际拆除，办公室的众人苦不堪言，最终费楠德安排了几个懂电力和机械的员工将其拆卸。

谁料除湿器刚拆卸不久，辉丰公司的人便找上门来要求赔款："合同都约定了，除湿设备只能由我们拆卸，我们除湿器是专利产品，并且安装图纸、元件的排列顺序都没告诉你们吧，你们私自拆除就是侵犯我们的商业秘密！"

费楠德频频摇头，没想到购买个除湿设备弄得自己一个头两个大。

情景说法

本故事中江波和费楠德已经抓住了事情的关键，对于商业秘密来说，其构成要件有三，除了前面故事已反映的"秘密性"和"实用性"，即"价值性"，还需要具备"保密性"，即采取相应的合理的措施来保护技术秘密或经营信息。

商业秘密的保护需要权利人主观意识和客观行动相结合，即除了权利人自己本身有较高的保护意识，还需要在实际的行为中根据信息载体的特性、保密措施的可识别程度、他人通过正当方式获得的难易程度等因素来采取合理的保密措施。比如采用限定涉密信息的知悉范围，只对必须知悉的相关人员告知其内容，对于涉密信息载体采取加锁等防范措施，在涉密信息的载体上标有保密标志，对于涉密信息采用密码或者代码等，签订保密协协议，对于涉密的机器、厂房、车间等场所限制来访者或者提出保密要求等一系列确保信息秘密的其他合理措施。

辉丰公司若想主张其商业秘密确实存在，需要证明其确实做出了合理的保密措施，而其所主张的"该加湿器是中国专利产品"反而因为专利申请的公示性丧失了其技术信息的秘密性，自己打了自己的脸。而另一个主张"我约定了由我来拆除"并非是针对技术秘密所采取的保密措施的表述。总之，墨润科公司并不知道该除湿器的技术信息里含有商业秘密，更无保密义务，辉丰公司的技术信息并不具备"商业秘密"的"保密性"的构成要件。

《最高人民法院关于审理不正当竞争民事案件应用法律若干问题的解释》

第十一条

权利人为防止信息泄漏所采取的与其商业价值等具体情况相适应的合理保护措施，应当认定为反不正当竞争法第十条第三款规定的"保密措施"。人民法院应当根据所涉信息载体的特性、权利人保密的意愿、保密措施的可识别程度、他人通过正当方式获得的难易程度等因素，认定权利人是否采取了保密措施。

具有下列情形之一，在正常情况下足以防止涉密信息泄漏的，应当认定权利人采取了保密措施：

（一）限定涉密信息的知悉范围，只对必须知悉的相关人员告知其内容；

（二）对于涉密信息载体采取加锁等防范措施；

（三）在涉密信息的载体上标有保密标志；

（四）对于涉密信息采用密码或者代码等；

（五）签订保密协议；

（六）对于涉密的机器、厂房、车间等场所限制来访者或者提出保密要求；

（七）确保信息秘密的其他合理措施。

商业秘密与专利

经过前期的铺垫和磨炼，墨润科公司已经算是小有成就，但是想要再上一层楼，却略显艰难。费楠德和江波一边在西湖边散步观赏秋景，一边讨论着公司下一步的发展。

"我想过鼓励大家发表一些科研文章。"费楠德说道，"这样对于提升咱们公司的知名度大有裨益。可是也有一些问题，论文将研发结果公开后就会有很多人模仿，那我们的竞争优势就不明显了。这真是两难啊！"

江波静静思索着费楠德的话，问道："这也是你为什么只把部分技术申请成为专利的原因吧？"

"是的。"费楠德皱起了眉头，"且不说申请专利的成功率很低，而且按照程序的规定需要公示，即便申请下来，申请费、年费也不少。对于有的技术来说，并不值得。如果申请成功了，我们的技术就变成了公示信息，要是有恶意的模仿，我们还要花一大部分精力去打假，到时怕不是搬起石头砸自己的脚。"

"你说的有道理，但是有些东西我们也不能一直捏在手里，如果我们垄断了知识，就会好逸恶劳，那我们自己的发展可能也会陷入瓶颈吧。"日落时的阳光是这么的温柔，江波的目光也变得深邃起来。

情景说法

正如费楠德所说，商业秘密一经公开，则不再为秘密，而是进入了公知领域，为公众所知晓，不再受到保护。而且商业秘密公开了之后，如果就此商业秘密和他人签订了技术秘密保护协议或者竞业禁止协议等，这些为了保护该秘密而延伸出来的协议皆即刻失效。

权利人导致商业秘密公开的方式有很多，比如自愿主动地公之于众；申请专利并经公告；公开销售含有商业秘密，且他人可以通过观察等手段轻易获取该商业秘密的产品；或者是保密措施明显不当，比如掌握核心技术的人员无意的疏忽，营销人员在推销产品的时候说漏了嘴，或者其他一些意外事故等。

费楠德和江波在聊天中也提到了专利，商业秘密的保护和专利申请都是保护公司的方式，但是两者各有千秋。

首先，商业秘密的认定标准没有专利申请严格，只要符合商业秘密的构成要件，即秘密性、价值性、保密性就构成商业秘密。而专利申请则需要满足新颖性、创造性和实用性的构成要件。

其次，两者的保护方式不同，商业秘密不需要公开，要使其处于不为公众所知悉的状态，而专利申请需要依照相关专利法的规定，到国务院专利行政部门申请登记，公开技术，并经过繁杂的程序才可授予。

再次，商业秘密的保护期限一般为商业秘密的存续期，只要商业秘密没有公开或者被泄密，所有义务人都有保护的义务。而专利除了特殊的情况，一般法定保护期届满，专利权就停止。

最后，两个方法的保护成本不同，专利权人需要就专利局缴纳年费和申请费等费用，而商业秘密只需要公司进行合理的保护措施，比如对员工的教育、签订竞业禁止协议时的补偿金等。

法条索引 ▶

《关于审理商业秘密案件有关问题的意见》

第十条第一款

权利人导致商业秘密公开的方式为：

（一）自愿公之于众；

（二）申请专利并经公告；

（三）公开销售含有商业秘密，且他人可以通过观察等手段轻易获取该商业秘密的产品；

（四）保密措施明显不当。

《广东省技术秘密保护条例》

第十七条

技术秘密一经公开，原签订的技术秘密保护协议或竞业限制协议即告失效。

商业秘密的泄露

墨润科公司成立后，取得了墨尔本哈墨雷某电气设备在中国的独家代理权，有效期为 2 年，这个副业销售也为公司带来了不少的利润。在协议到期之前，江波专门动身去了一趟墨尔本，准备续签协议，但却被哈雷墨公司拒绝了。通过多方打听，发现奥润公司在近期内与哈墨雷公司接洽，并且以比墨润科公司稍高的价格拿下了电气设备的独家经销权。江波无奈回国。

"知道独家代理权有效期的人只手可数，奥润公司为何如此巧合地抢先墨润科公司一步与哈墨雷公司达成了新的代理协议？。难道公司又出了内鬼？我们明明已经十分注意保密工作了，还是防不胜防啊！必须要找出这个内鬼，不然我们的损失还会不断扩大。"经过二人的分析和对公司监控以及内部邮件的审查，最终发现了内鬼。

原来，墨润科公司新招的大学生钱心然其实是奥润公司的人，钱心然在公司中各种搜集资料，寻找机会。当得知江波的秘书孙菲最近因为迷恋看直播刷礼物正缺钱，就私下与孙菲联系，以利益相诱，两人一来二去，就做出了背叛公司的事情。

情景说法

本故事是商业秘密泄密的典型情况，即既有内部人主动泄密，又有外部人窃密。钱心然可以被认定为"间谍"，因为她是奥润公司派来盗取商业秘密的盗窃者。而孙菲是墨润科公司原有员工，是公司内部人员，因为受到了金钱的诱惑而出卖了公司的利益。

商业秘密泄密一般分为三种情形，分别为内部人主动泄密、外部人窃密和第三人主动泄密。

第一种为内部人主动泄密，除了本故事中的情形外，还有因为正常的人才的流动而泄密，或者因为公司员工在外兼职而有意或无意地泄露公司机密。同时，因为很多公司会疏忽对离职或者退休员工的管理，导致很多掌握公司机密的离退休员工侵犯公司利益，还有就是典型的因受到金钱、美色的诱惑或因遭受威胁而泄密。

第二种为外部人窃密，除了收买掌握商业秘密的高层管理人员或者技术人员，可能还会采取各种交流会、研讨会，或者借着采访、参观的名义有目的地套取商业秘密。有时部分企业还会派人打入竞争对手处，长期或者短期工作，来刺探商业机密。或者有些公司会采取联营、技术合作与共享的方式来借机窃取商业秘密。或者就简单粗暴地聘请黑客，黑入竞争对手的电脑系统，抑或搜集竞争对手的废弃样品、未经碎纸处理的文件或未经销毁的资料，进行综合分析，也有公司会采取虚假合同的方式来套取商业秘密。

第三种为第三人主动泄密，具体可见下一个故事。

总之，在实际生活中的窃取商业秘密的例子不胜枚举，不少对手公司都对商业秘密虎视眈眈，它们使出的各种手段防不胜防。

第三方机构的泄密

皮特为江波和费楠德在墨尔本认识的好朋友，在参观过墨润科公司后，决定采购公司的设备。刚刚起步的墨润科公司，生产力十分有限。几番权衡之下，费楠德找到了汇圣公司和丰典公司，将商业秘密肢解，由这两家公司分别承包部分业务。墨润科公司与两家公司分别签订了合作协议，并且在协议中约定该业务不得转让出售，也不可向任何第三方泄露相关商业机密。

怎料不到两年后，原本由汇圣公司负责的公司都终止了与墨润科公司的协议，转而与亚索公司直接签协议。经过核查，亚索公司和汇圣公司的真正控制人为同一人。

毫无疑问，汇圣公司违背了条约中所约定的保密义务，侵犯了墨润科公司的权利，费楠德找到了一家律师事务所，提交了相关的所有材料，想要维护自己的权利。

但是令人发指的是，律师事务所中负责替墨润科公司讨回公道的律师也被汇圣公司所收买，将汇圣公司原本并未掌握的那些直接与丰典公司对接的客户的名单告知了汇圣公司，可以说此时汇圣公司是完完全全地拿到了本项业务的所有客户名单。

而由于合同中违约金约定过少，公司损失根本无法得到弥补，这对公司来说无异于致命一击。

情景说法

本故事是典型的第三人泄密行为。首先对于汇圣公司来说，其是墨润科公司的合作伙伴，汇圣公司得到客户名单是通过了正当合理的手段，但是其侵犯了墨润科公司的商业秘密，违反了合作协议中约定的保守墨润科公司的商业秘密的要求，将客户名单交由其关联公司亚索公司，由亚索公司替代了墨润科公司来出口设备。

其次，律师事务所作为独立的第三方机构，在办案过程中自然而然地会取得客户的商业秘密，即律师事务所是为了替墨润科公司维护权利，应当也有必要得到墨润科公司的与本故事相关的商业秘密。律师事务所得到客户名单是通过了正当合理的手段，但其之后的作为，与汇圣公司的所作所为性质相同，都是侵犯了墨润科公司的商业秘密。

除了律师事务所之外，公司企业等在运营的时候，不免会与其他机构合作，除了自己的客户或者合作伙伴进行技术合作外，也会与会计师事务所、宣传公关公司进行合作，这些都应当引起公司的重视，并在签订合同之时以违约金条款予以限制。

《反不正当竞争法》

第十条

经营者不得采用下列手段侵犯商业秘密：

（一）以盗窃、利诱、胁迫或者其他不正当手段获取权利人的商业秘密；

（二）披露、使用或者允许他人使用以前项手段获取的权利人的商业秘密；

（三）违反约定或者违反权利人有关保守商业秘密的要求，披露、使用或者允许他人使用其所掌握的商业秘密。

第三人明知或者应知前款所列违法行为，获取、使用或者披露他人的商业秘密，视为侵犯商业秘密。本条所称的商业秘密，是指不为公众所知悉、能为权利人带来经济利益、具有实用性并经权利人采取保密措施的技术信息和经营信息。

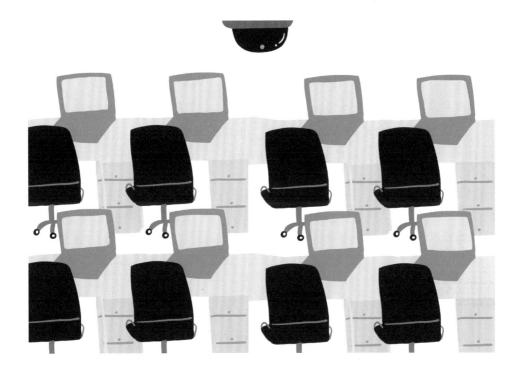

制度设计与商业秘密

在多次因自己的疏忽而泄露公司秘密，以及被信任的人捅了刀子之后，费楠德和江波终于重视起了墨润科公司的商业秘密，费楠德经过考察，提议道："公司还是要运作，大家不可能都只做保密工作，我们专人做专事，从各部门抽调人员，组成一个商业秘密管理委员会，专门负责商业秘密这一块。以后但凡涉及公司商业秘密的都由商业秘密管理委员会管理，怎么样？"大家琢磨着费楠德的想法，纷纷表示值得一试。

他们将所有的电脑整合在一片区域，卸载了部分 USB接口，对部分电脑功能设置权限。购入了几个加锁的大书柜和保险柜，对所有的资料进行分类，并集中收纳。除此之外，委员会还在公司安装了很多监视探头、电子警报器，建立了信息使用申报制度、废品处理制度和材料回收制度。还通过问卷调查和个人走访，编制了《管理规定制度》和《员工保密手册》，并进行 3 日公示。

委员会每天都忙忙碌碌的，监视探头也观察着每个角落，大家都绷紧了心里的弦，虽然大家都理解江波和费楠德的苦心，但是确实苦不堪言。"费楠德，现在也太麻烦了，复印设计方案需要申请，查看文件需要报告。""对，我现在只拿到一部分源代码，太不方便我工作了。"大家纷纷吐槽了起来，这也让费楠德心里没了底……

情景说法

企业发展到达一定的规模后，商业秘密并非按照一贯认为的仅仅存在于技术操作等环节，而是星罗棋布在各个领域和部门，正如前面几个故事所示，对企业的发展有价值的信息或资料都是商业秘密的范围。那么对于企业而言，确实是需要建立一个商业秘密管理委员会，综合统计和把握商业秘密，关注和监控生产、研发、销售、财务、法律、人事等部门中可能涉及商业秘密的事项，替企业把好关，做好企业的防护墙。商业秘密管理委员会应当做到以下几点：

首先，商业秘密管理委员会一般需要确认好什么是商业秘密，如果对商业秘密的划分范围较大，会增加企业不必要的负担，而如果对商业秘密的划分范围较小，会导致企业利益受损。除此之外，有时候还需要对商业秘密划定密级，比如《保护国家秘密法》把国家秘密分为"绝密""机密""秘密"三级，而中央企业商业秘密的密级则根据泄露会使企业的经济利益遭受损害的程度，分为"核心商密""普通商密"两级，各个企业也可以设立自己的标准。

其次，商业秘密管理委员会需要对秘密进行保护。例如对硬件的安排和设置，传真、打印机、电脑等安全管理，对于掌握商业秘密的高级人员配备专用的打印机，对废弃的纸张和文件设立废弃制度或对剩下的物料设立返还制度，设置电脑进入密码或禁止部分文件的复制影印，对于极其重要的商业秘密采取查阅审核制度，限制网络聊天或涉密计算机上网等。抑或可以对于部分商业秘密进行拆分肢解，交由不同的管理人员掌握。除此之外，商业秘密管理委员会更是需要加大宣传教育，多做培训，唤起大家的保密意识。同时还需要负责管理掌握商业秘密的人。

最后，商业秘密管理委员会需要做到执行监督，和财务部一起设立奖罚制度。对于故意或过失泄密、使用或允许他人使用公司商业秘密的员工进行处罚，乃至追究法律责任。对于主动献言献策或保密工作完成好的员工进行津贴补助或者奖励。

故事中还提到了《保密手册》或者相关规章制度的设定、监视器的安装等。对于该项事务公司企业拥有自主权，只要不违反国家法律、行政法规及政策规定，并已向劳动者公示的，尊重员工的知情权，则企业可以自行设定。对于企业来说，这是保护商业秘密的较为有效的方法，而且在涉及诉讼的时候可以减少企业对于"采取合理的保密措施"的证明责任。

法条索引 ▶

《广东省技术秘密保护条例》

第七条

单位应当建立和健全技术秘密保护制度，确定技术秘密保护管理机构和专职、兼职管理人员，采取有效措施，保护本单位的技术秘密。

《最高人民法院关于审理劳动争议案件适用法律若干问题的解释》

第十九条

用人单位根据《劳动法》第四条之规定，通过民主程序制定的规章制度，不违反国家法律、行政法规及政策规定，并已向劳动者公示的，可以作为人民法院审理劳动争议案件的依据。

《保守国家秘密法》

第十条

国家秘密的密级分为绝密、机密、秘密三级。绝密级国家秘密是最重要的国家秘密，泄露会使国家安全和利益遭受特别严重的损害；机密级国家秘密是重要的国家秘密，泄露会使国家安全和利益遭受严重的损害；秘密级国家秘密是一般的国家秘密，泄露会使国家安全和利益遭受损害。

《中央企业商业秘密保护暂行规定》

第十三条

中央企业商业秘密的密级，根据泄露会使企业的经济利益遭受损害的程度，确定为核心商业秘密、普通商业秘密两级，密级标注统一为"核心商密""普通商密"。

信息披露的界限

　　经过不断的磨炼，墨润科公司的 A 型号螺纹钢制造工艺已经日臻成熟，加上在国际知名杂志《世界钢材杂志》上刊登了部分的技术内容，使得它在整个行业内享誉盛名。

　　德国和日本的公司都慕名而来，想要出价购买这项技术。营销部负责人李冬日按照商业秘密管理委员会设计的路线带着两个代表团进行参观，也明确避开了涉密的内容。德日代表都对此项技术表示志在必得。但是一星期后，两个考察团突然都各自回国，并表示对该技术不感兴趣了。

　　多方打听之下，才得知两个考察团去了墨润科公司的下游公司参观。而下游公司缺乏保密意识，对代表团知无不言言无不尽，甚至公司掌握的一些机密的细节都洋洋得意地展示。两个考察团通过《世界钢材杂志》上的论文和实地参观拿到的资料，轻而易举地掌握了这门技术。

"他们是怎么知道我们的下游工厂的呢？"费楠德生气地问道。大家都陷入了深思。

李东日怯怯地说道"这，应该是我的错。我当时在接待两个考察团的时候，都讲过，我们这个技术造福了很多濒临倒闭的工厂，然后一不小心就透露了下游公司的地点，真没想到这都被他们察觉到了！"

"哎，我们千防万防，没想到还是经验不足啊。我们赶紧想想怎么弥补吧！"江波和费楠德又一次陷入了困境。

情景说法

商业秘密关系到企业的发展，是企业的无形财富，可谓是重中之重。对于公司来说，应当有"反涉密机制"。墨润科公司对于访问团的接待相关事项有了事前的安排和要求，这是反涉密机制的其中一环，但是仅仅止步于此是不够的，反涉密机制应当尽可能地涉及方方面面。

首先，很多的技术企业为了宣传和推销自己的产品，都会参加诸如产品公开展示、博览会、交易会等会议，或是在技术研发的过程中会有论文的公开发表，亦会撰写宣传公关稿，在这些环节上应当把握好展示的程度和披露的程度。比如墨润科公司在《世界钢材杂志》上刊登部分技术工艺，需要引起商业秘密管理委员会的重视，因为很容易被人通过论文这个"正规途径"获得商业秘密。

其次，对于访问团接待更需要多加小心，墨润科公司在这方面做得比较好——事前提供参观计划，商业秘密管理委员会把关并提出建议。除此之外亦要小心关键机密资料的保存和隔离，设置权限和外借禁止等。

再次，是垃圾、废品、边角料等的处理制度，包括材料的返还，剩余物料的管理，这些都会涉及商业秘密的泄露。还有就是代销商、经销商等亦需要注意做好保密工作，墨润科公司需要帮助其设立规章制度和树立保密意识，对于其他可能会接触到商业秘密的第三方机构，比如律师事务所、会计事务所等亦要对其强调注意保密。除此之外在公司合并与分立等情况下也要注意商业秘密的保护。

最后，在商业交往中，业务员在无意闲谈的时候，或者在使用销售技巧时，常常会无意间泄露公司的秘密。业务员会强调宣传公司技术的先进性，可能会操作演示或进行详细介绍，在渲染和说明的过程中会暴露公司的秘密。所以一定要为业务员树立保密意识，让其时时刻刻注意自己的言行举止和所持有的材料的保密。

但是，对于商业秘密的保护程度也无须天衣无缝，万无一失。不需要过于严密到一个夸张的标准，这对于企业来说加重了管理负担。企业只要尽可能地采取了合理的措施，比如口头或书面的保密协议、对商业秘密权利人或与商业秘密权利人有业务关系的他人提出保密要求等，就算是尽善尽美了。

法条索引

《国家工商行政管理局关于商业秘密构成要件问题的答复》

权利人采取保密措施，包括口头或书面的保密协议、对商业秘密权利人的职工或与商业秘密权利人有业务关系的他人提出保密要求等合理措施。只要权利人提出了保密要求，商业秘密权利人的职工或与商业秘密权利人有业务关系的他人知道或应该知道存在商业秘密，即为权利人采取了合理的保密措施，职工或他人就对权利人承担保密义务。

《最高人民法院关于审理不正当竞争民事案件应用法律若干问题的解释》

第十一条

权利人为防止信息泄漏所采取的与其商业价值等具体情况相适应的合理保护措施，应当认定为反不正当竞争法第十条第三款规定的"保密措施"。

人员的管理

　　墨润科公司的保密机制可谓过于严格，纷繁复杂的手续和无时无刻都不停止的监控录像还是让大家略感不适。对于刚从学校大门出来当技术员的余歌来说，工作的时候总是觉得有人在监视自己，一举一动都小心翼翼，生怕自己做错了什么，高强度的工作压力加上精神压力，让余歌无所适从。深思熟虑后，余歌决心换一份工作，但是过程却没有她想象中的顺利。

　　"张姐，我想离职，我不要补偿，就这个月内尽快离职可以吗？"余歌对人事处的张姐说道。

　　"好吧，小余。但你要遵守劳动合同项下的竞业限制条款。"张姐说道。

情景说法

竞业禁止又称竞业避止，是对与特定的经营内容有关的特定人的某些行为予以禁止的一种制度。根据《劳动法》的规定，墨润科公司可以在劳动合同或者保密协议中与员工约定竞业限制条款，但是正如墨润科公司的人事张姐所说，在竞业限制期限内是需要按月给予受竞业禁止的员工经济补偿。对于补偿的金额，法律并未有具体的规定，不过最高人民法院曾给出建议，可以按照在劳动合同解除或者终止前十二个月平均工资的30%按月支付经济补偿，如果月平均工资的30%低于劳动合同履行地最低工资标准的，按照劳动合同履行的最低工资标准支付。如果墨润科公司3个月未支付经济补偿，余歌可以请求解除竞业禁止。

人事处所说的《保密协议》，是指任何约定保守用人单位商业秘密的有关事项的约定，可以由双方共同约定。根据浙江省的规定，保守技术秘密需要明确地约定，没有签订保密协议或者没有在合同中作出约定的，相关人员不承担保密责任。保密协议或者合同约定的部分内容不明确的，相关人员只对约定明确的内容承担保密义务。签订保密协议或者合同约定的相关人员，合同终止后仍负保密义务的，应当书面约定。

竞业禁止和保密协议有所不同。

首先，主体不同。保密协议可以是与所有的劳动者签订，而竞业禁止的签订则是有所限制，只能与对本单位技术权益和经济利益有重要影响的有关行政管理人员、科技人员和其他相关人员协商，约定竞业限制条款。

其次，两者的费用支付不同。保密协议不以支付保密费为前提，我国法律并未规定商业秘密是否应当向秘密保守者支付保密费，而竞业禁止则以支付补偿金为前提。

最后，协议的期限不同。保密的义务期间一般与商业秘密的存续期间相同，而竞业禁止的期限一般最长为 3 年。

如果余歌无法立即离职，需要转换岗位的。这是属于"脱密期"的安排，公司在与掌握商业秘密的职工在劳动合同中约定保守商业秘密有关事项时，可以约定在劳动合同终止前或该职工提出解除劳动合同后的一定时间内（不超过 6 个月），调整其工作岗位，变更劳动合同中相关内容。

除了这三种手段（竞业禁止、保密协议、脱密期），部分企业还会购买雇员忠诚保险，或者要求入职员工提供人事保证人为其担保，承诺该新员工会遵循保密义务。

法条索引

《劳动法》

第二十二条

劳动合同当事人可以在劳动合同中约定保守用人单位商业秘密的有关事项。

《劳动合同法》

第十七条

劳动合同除前款规定的必备条款外，用人单位与劳动者可以约定试用期、培训、保守秘密、补充保险和福利待遇等其他事项。

《浙江省技术秘密保护办法》

第九条

权利人要求本单位或者与本单位合作的涉及技术秘密的相关人员（以下简称相关人员）保守技术秘密的，应当签订保密协议或者在劳动（聘用）合同（以下统称合同）中作出明确具体的约定。相关人员应当严格按照保密协议或者合同约定履行义务。没有签订保密协议或者没有在合同中作出约定的，相关人员不承担保密责任。保密协议或者合同约定的部分内容不明确的，相关人员只对约定明确的内容承担保密义务。签订保密协议或者合同约定的相关人员，合同终止后仍负保密义务的，应当书面约定，双方可以就是否支付保密费及其数额进行协商。

《江苏省高级人民法院关于审理商业秘密案件有关问题的意见》

第十三条

保密义务不以义务人是否同意或权利人是否支付对价为前提。

《劳动合同法》

第二十三条

用人单位与劳动者可以在劳动合同中约定保守用人单位的商业秘密和与知识产权相关的保密事项。对负有保密义务的劳动者，用人单位可以在劳动合同或者保密协议中与劳动者约定竞业限制条款，并约定在解除或者终止劳动合同后，在竞业限制期限内按月给予劳动者经济补偿。

《最高人民法院关于审理劳动争议案件适用法律若干问题的解释（四）》

第六条

当事人在劳动合同或者保密协议中约定了竞业限制，但未约定解除或者终止劳动合同后给予劳动者经济补偿，劳动者履行了竞业限制义务，要求用人单位按照劳动者在劳动合同解除或者终止前 12 个月平均工资的 30% 按月支付经济补偿的，人民法院应予支持。前款规定的月平均工资的 30% 低于劳动合同履行地最低工资标准的，按照劳动合同履行地最低工资标准支付。

《最高人民法院关于审理劳动争议案件适用法律若干问题的解释（四）》

第八条

当事人在劳动合同或者保密协议中约定了竞业限制和经济补偿，劳动合同解除或者终止后，因用人单位的原因导致 3 个月未支付经济补偿，劳动者请求解除竞业限制约定的，人民法院应予支持。

《关于加强科技人员流动中技术秘密管理的若干意见》

第七条

单位可以在劳动聘用合同、知识产权权利归属协议或者技术保密协议中，与对本单位技术权益和经济利益有重要影响的有关行政管理人员、科技人员和其他相关人员协商，约定竞业限制条款，约定有关人员在离开单位后一定期限内不得在生产同类产品或经营同类业务且有竞争关系。

《劳动部关于企业职工流动若干问题的通知》

第二条

用人单位也可规定掌握商业秘密的职工在终止或解除劳动合同后的一定期限内（不超过 3 年），不得到生产同类产品或经营同类业务且有竞争关系的其他用人单位任职，也不得自己生产与原单位有竞争关系的同类产品或经营同类业务，但用人单位应当给予该职工一定数额的经济补偿。

用人单位与掌握商业秘密的职工在劳动合同中约定保守商业秘密有关事项时，可以约定在劳动合同终止前或该职工提出解除劳动合同后的一定时间内（不超过 6 个月），调整其工作岗位，变更劳动合同中相关内容。

员工离职与商业秘密保护

奥润公司曾在某一次竞标中输给了墨润科公司，也正是在那次竞标过程中体会到了墨润科公司的雄厚实力和其人才的质量。看到余歌从墨润科公司跳槽出来，奥润公司技术总监杨然心生一计，想通过余歌做点文章，便找到了奥润公司的人事主管龚风。

"老龚，你想办法把余歌招进来。然后老规矩，我们跟她签一个约定，承诺不使用老东家商业秘密的协议。到时候我再移花接木，你明白的，这么隐蔽的事情，谁也没有证据。"杨然给了龚风一个你懂的表情。

六个月竞业禁止期届满，余歌来到了奥润公司就职。

得益于在墨润科公司高强度工作的锻炼，余歌在奥润公司游刃有余，很快便有所成就，但是现在所设计出来的产品配方，需要其在墨润科公司的几份失败的实验报告来做辅证，余歌立刻找到杨然说明了这个情况。

"余歌，做事情有时候不能太较真，你明白吗？"杨然暗示道。

"杨总，您说的我有点不懂了，这毕竟是前东家的东西，我不能随便使用。"在墨润科公司的做过相关保密培训的余歌立刻就意识到了不对。

"我们有句古话说水至清则无鱼，余歌。"杨然拍了拍余歌的肩膀说道，"你好好体会！"

情景说法

余歌在离开墨润科公司来到奥润公司后，取得的新的技术成果或技术创新需要墨润科公司的实验报告来做辅证，即便是失败的实验报告，也是她在墨润科公司掌握或接触的由墨润科公司所拥有的技术秘密。对于余歌来说，她有权将新的技术成果或技术创新予以使用，但失败的实验报告是墨润科公司所拥有的，且是其负有保密义务的技术秘密，余歌想要使用的话，应当征得墨润科公司的同意，并支付一定的使用费。

假若余歌听从了杨然的言外之意，在未征得墨润科同意而擅自使用，她和奥润公司应当承担相应的法律责任。余歌可以与墨润科公司就墨润科公司的技术秘密、职务技术成果的使用、转让等有关事项签订书面协议，约定自己可以自行使用的范围、方式、条件等具体问题，但如果余歌擅自使用了墨润科公司的商业秘密，无论有意或是无意，都有可能被追究法律责任。

离职人员、辞后创业人员、特别是跳槽员工，一般都会选择去与前工作相似度极高的工作单位，或创业与前项工作相关。加强对这些员工的管理对于保护企业的商业秘密等异常重要。

但是要指出的一点是，虽然余歌的技术、专业、技能和知识的获得和提升都是因为在墨润科公司的锻炼，可以说正是因为墨润科公司的各种秘密技术或者信息余歌才有此进步，墨润科公司也无法约定余歌禁止在其他公司使用其学到的技术、技能、知识或能力，因为这涉及余歌的生存权和劳动权，余歌有自由择业的权利。但知识技能等和商业秘密不同，它是每个员工的立足之本，任何公司都不能以此为理由而禁止人员的自主流动。

除此之外，对于杨然和龚风的阴谋诡计，两人痴心妄想地想要通过一份约定了"不使用前公司的任何知识产权、商业秘密等"的协议来逃避责任，从而达到恶意竞争的结果，并不能当然地成为奥润公司侵权免责事由。

法条索引▶

《商业秘密侵权纠纷案件审理的若干指导意见（试行）》

第九条第二、第三款

职工离职后，利用其任职时掌握和接触的原单位的商业秘密，并在此基础上做出新的技术成果或创新，有权就新的技术成果或创新予以实施或者使用，离职员工实施或者使用其在原单位商业秘密基础研究、开发的新技术时，如需同时利用原单位商业秘密的，应征得原单位同意，并支付相应的使用费。

《关于加强科技人员流动中技术秘密管理的若干意见》

第五条第二款

科技人员可以与其工作单位就该单位的技术秘密、职务技术成果的使用、转让等有关事项签订书面协议，约定科技人员可以自行使用的范围、方式、条件等具体问题。

《关于加强科技人员流动中技术秘密管理的若干意见》

第九条

科技人员或者其他有关人员在离开原单位后，利用在原单位掌握或接触的由原单位所拥有的技术秘密，并在此基础上作出新的技术成果或技术创新，有权就新的技术成果或技术创新予以实施或者使用，但在实施或者使用时利用了原单位所拥有的，且其本人负有保密义务的技术秘密时，应当征得原单位的同意，并支付一定的使用费；未征得原单位同意或者无证据证明有关技术内容为自行开发的新的技术成果或技术创新的，有关人员和用人单位应当承担相应的法律责任。

《江苏省高级人民法院关于审理商业秘密案件有关问题的意见》

第十五条

法人或其他组织与被聘用人在合同中约定不使用被聘用人掌握的他人商业秘密的，不能当然地成为法人或其他组织侵权免责事由。

新员工带来的商业秘密

　　余歌拒绝了杨然暗示的要求，最终还是决定与江波协商讨论关于墨润科公司商业秘密的使用问题。江波对于余歌的深明大义很感动，也明白余歌现在的苦衷，以非常慷慨的价格允许余歌在奥润公司使用墨润科公司现有的部分商业秘密，两人相谈甚欢。余歌离开时碰见了之前在墨润科公司所对接的另一个客户，顺达公司的张先生。余歌和张先生寒暄了几句后说道："我已经换工作啦，现在要回公司，老张，我们以后再聊。"余歌拿起了自己的背包说道。

　　张先生回到了顺达公司，跟上级领导汇报去墨润科公司洽谈的事情，也提到了余歌现已离职去了别家公司，两人扼腕叹息，可以说这次要和墨润科公司续约，很大部分原因就是因为与余歌非常熟悉，会减少磨合期，事半功倍。

"这样，你去问问余歌，现在在做什么方向，如果对口的话，我们还是更倾向于和余歌合作。"张先生的领导笑着说道。

余歌回家后接到老张的电话十分开心，但同时也有了一丝担忧，老张和他所在的顺达公司是墨润科公司的老客户，如果与自己现在的公司达成新的协议，自己是不是侵犯了墨润科公司的商业秘密呢？

情景说法

余歌所想也不无道理，正如前述，这些可以为公司带来利益的，已经经过保护措施的，并不同于公知信息的独一无二的客户资料，确实是墨润科公司的商业秘密，且法律也倾向于保护商业秘密权利人的利益，采取的是过错推定的审判原则，即如果余歌无法证明其行为或信息取得方式是合法正当的，会被认定成为违法的一方。而且根据中国对企事业单位科技人员的要求，原公司甚至可以向其新任职的单位通报该人员在原单位所承担的保密义务和竞业限制义务。

但是，这在法律上也不是毫无转圜的余地，根据《最高人民法院关于审理不正当竞争民事案件应用法律若干问题的解释》，在与老东家的客户联络时，如果满足两个条件，则离职员工就不会侵犯原公司的商业秘密。

首先，该客户是基于对职工个人的信赖而与职工所在单位进行市场交易；其次，该职工离职后，客户自愿地选择与该职工现在所在的公司签订合约或进行交易等市场行为。那么，这种联络也是合法的。在本则故事中，张先生本就和余歌相谈甚欢，选择墨润科公司也是因为余歌在墨润科公司就职，那么其因为余歌换工作而选择了余歌的现公司更是合情合理合法的。而且在墨润科公司，江波已经告知了张先生余歌离职的事实，张先生及顺达公司是已知余歌不在墨润科公司的情况后，主动选择与余歌联系。如若余歌的现公司奥润公司与顺达公司发生交易，是合理正当的。

在实践中，很多公司的新进员工都是跳槽或从相似的企业而来，现公司应当主动了解该人员在原单位所承担的保密义务和竞业限制义务，并自觉尊重上述协议。对于与新员工的原客户进行合作的时候一定要提高警惕，保持审慎态度，树立不侵犯他人商业秘密的法律意识。除此之外，更是要加强对新员工的教育，告知其相关的法律知识。用人单位发现新员工无意或有意通过原公司的商业秘密为本单位牟利，应该劝诫并告知新员工不要主动联络原公司的客户，更不要将原来的商业秘密带入现有公司，特别是将一些技术秘密拷入现公司的电脑内。

法条索引

《最高人民法院关于审理不正当竞争民事案件应用法律若干问题的解释》

第十三条第二款

客户基于对职工个人的信赖而与职工所在单位进行市场交易，该职工离职后，能够证明客户自愿选择与自己或者其新单位进行市场交易的，应当认定没有采用不正当手段，但职工与原单位另有约定的除外。

《科学技术部关于加强科技人员流动中技术秘密管理的若干意见》

第八条

企事业单位应当在科技人员或者有关人员离开本单位时，以书面或者口头形式向该人员重申其保密义务和竞业限制义务，并可以向其新任职的单位通报该人员在原单位所承担的保密义务和竞业限制义务。用人单位在科技人员或有关人员调入本单位时，应当主动了解该人员在原单位所承担的保密义务和竞业限制义务，并自觉尊重上述协议。明知该人员承担原单位保密义务或者竞业限制义务，并以获取有关技术秘密为目的故意聘用的，应当承担相应的法律责任。

商业秘密与不正当竞争

在公司进入发展平稳期后，费楠德和江波又开始开辟别的业务。江波的小积木模型，在试销售后很有市场，二人则索性成立了一个子公司，专门设计和销售这个积木模型。

李峰是这个玩具公司中最勤奋的销售员之一，为公司带来了巨大利润，李峰的工资也水涨船高。但是天有不测风云，李峰的父亲得了癌症，高昂的医疗费让他无力抵抗。救父心切的李峰想到了一个办法，自己模仿制作公司的模型，利用自己在公司得到的客户名单、合同价格和合约期限等信息，一定可以小赚一笔。为了掌握更多的客户公司的信息，李峰不时邀请和自己一样做销售的同事回家吃饭，灌醉同事后将同事们的公文包里的客户信息，包括售价和销售期限等关键信息影印拍照。除此之外，李峰也在和同事们闲聊的时候，通过偷听或套话的方式获得客户信息。

原本李峰只是想小赚一笔，但是人心不足蛇吞象，赚得盆满钵满的李峰早已舍弃不了这快速的来钱途径，而费楠德的公司业务却已陷入了困境，与公司续约的客户企业越来越少，老客户回头率极低，费楠德和江波突然意识到，可能哪里出了问题。

情景说法

显而易见，李峰侵犯了费楠德的公司的商业秘密。虽然积木模型制作简单，不算是公司的商业秘密，但是公司的客户名单，包括与客户形成的积木模型合同价格及合约期限等，都是费楠德的公司的商业秘密。

根据《反不正当竞争法》，经营者应当公平公正公开地竞争，不应当使用错误的手段来侵犯他人的商业秘密，比如不应当以盗窃、利诱、胁迫或者其他不正当手段获取权利人的商业秘密。李峰通过套同事话、影印客户资料的方式取得了公司的商业秘密。

总之，商业秘密侵权行为是行为人实施了《反不正当竞争法》和有关商业秘密保护法律、法规的禁止性规定，侵犯他人商业秘密的违法行为。借鉴《河南省高级人民法院商业秘密侵权纠纷案件审理的若干指导意见（试行）》，认定某一行为是否构成商业秘密侵权行为，可以依以下步骤进行：

首先，审查权利人所诉受到侵害的技术、经营信息是否为一项有效的商业秘密。进行该项审查工作应查明权利人起诉请求中认为受到侵害的商业秘密是否实际存在，其请求给予法律保护的技术、经营信息是否具备商业秘密的法律特征，权利人的商业秘密的具体内容和表现形式，即权利人商业秘密的"秘密点"所在。

其次，查明被诉侵权人所使用的技术、经营信息与权利人的商业秘密是否相同。

再次，审查被诉侵权人对权利人的商业秘密是否有合法的使用权，即合理使用抗辩。存在下列情形，可以认定被诉侵权人享有合法使用权：（1）被诉侵权人自行创造、构思出与权利人相同的商业秘密。（2）从其他合法权利人受让的商业秘密。（3）在权利人疏忽情况下善意取得商业秘密。（4）商业秘密权利用尽，商业秘密的有形产品在市场流通过程中，被诉侵权人的获取、销售、使用行为。（5）被诉侵权人通过反向工程取得商业秘密，反向工程（Reverse Engineering，RE）也称逆向工程或反求工程，是相对于传统的产品设计流程即所谓的正向工程而提出的，是指通过技术手段对从公开渠道取得的产品进行拆卸、测绘、分析等而获得该产品的有关技术信息。当事人以不正当手段知悉了他人的商业秘密之后，又以反向工程为由主张获取行为合法的，不予支持。

最后，查明被诉侵权人是否通过实施法律所禁止的行为获取权利人的商业秘密。这些行为的主要表现形式有：（1）以盗窃、利诱、胁迫或者其他不正当手段获取权利人的商业秘密。（2）披露、使用或者允许他人使用以前项手段获取的权利人的商业秘密。（3）职工违反权利人有关保守商业秘密的要求或合作单位违反保密约定，披露、使用或者允许他人使用其所掌握的权利人的商业秘密。（4）从权利人离职职工处获取并违法使用权利人商业秘密。（5）被诉侵权人从其他侵权人处取得并使用明知为权利人商业秘密的技术和经营信息。（6）法律规定的其他侵犯商业秘密的行为。

法条索引

《反不正当竞争法》

第十条

经营者不得采用下列手段侵犯商业秘密：

（一）以盗窃、利诱、胁迫或者其他不正当手段获取权利人的商业

秘密;

（二）披露、使用或者允许他人使用以前项手段获取的权利人的商业秘密;

（三）违反约定或者违反权利人有关保守商业秘密的要求，披露、使用或者允许他人使用其所掌握的商业秘密。

第三人明知或者应知前款所列违法行为，获取、使用或者披露他人的商业秘密，视为侵犯商业秘密。

本条所称的商业秘密，是指不为公众所知悉、能为权利人带来经济利益、具有实用性并经权利人采取保密措施的技术信息和经营信息。

《最高人民法院关于审理不正当竞争民事案件应用法律若干问题的解释》

第十二条

通过自行开发研制或者反向工程等方式获得的商业秘密，不认定为反不正当竞争法第十条第（一）、（二）项规定的侵犯商业秘密行为。

前款所称"反向工程"，是指通过技术手段对从公开渠道取得的产品进行拆卸、测绘、分析等而获得该产品的有关技术信息。当事人以不正当手段知悉了他人的商业秘密之后，又以反向工程为由主张获取行为合法的，不予支持。